Col·lecció **Història**
**Les numéros**
*www. trabucaire. com*

**N° 1** - Alícia MARCET : *Abrégé d'histoire des terres catalanes du Nord*
*Breu història de les terres catalanes del Nord*
**N° 2** - Michel BRUNET : *Le Roussillon face à la Révolution française*
*El Rosselló de cara a la Revolució francesa*
**N° 3** - Raymond SALA : *L'affaire Xaupi : libertins et dévots à St-Laurent de Cerdans (1730-1745)*
*L'afer Xaupi : Llibertins i devots a Sant-Llorenç de Cerdans(1730-1745)*
**N° 4** - Jean ABELANET : *Autrefois des hommes... Préhistoire du Pays catalan*
*Aquells homes dels temps passats*
**N° 5** - Christophe AMIEL : *Les trabucaires, une odyssée en terre catalane*
**N° 6** - Alícia MARCET : *Le rattachement du Roussillon à la France*
**N° 7** - Joan PEYTAVI DEIXONA : *La família nord-catalana (segles XVI-XVIII)*
**N° 8** - Louis MONICH : *Histoire rocambolesque de l'élection cantonale de 1976*
**N° 9** - Collectif : *Les templiers en Pays catalan*
**N°10** - Louis MONICH : *Le coup d'état manqué à la mairie de Perpignan, 1981*
**N°11** - Joël METTAY : *L'archipel du mépris, histoire du camp de Rivesaltes de 1939 à nos jours*
**N°12** - Pierre CROS : *St-Cyprien de 1939 à 1945. Le village-le camp-la guerre*
**N°13** - Alícia MARCET : *Mots-clefs de l'histoire catalane du Nord*
**N°14** - Michel BRUNET : *Le curé et ses ouailles, l'anticléricalisme dans les P.- O 1800-1852*
**N°15** - Collectif : *La fibre catalane, industrie et textile en Roussillon au fil du temps*
**N°16** - Philippe BOUBA : *L'arrivée des Pieds Noirs en Roussillon en 1962*
**N°17** - Raymond SALA : *Trabucaires et frontières de Barcelone à Perpignan par le Vallespir.*
*Trabucaires i fronteres de Barcelona a Perpinyà via el Vallespir.*
**N°18** - Nathalie CABANAS : *L'industrie sandalière en Haut Vallespir et Basse Soule XIX - XXe s*
**N°19** - Claude BELMAS : *Les Massina, médecins de campagne en Roussillon et Vallespir XIXe s*
**N°20** - Jean DAURIACH : *Dans le fracas des camions, matériel et camps automobiles des Républicains espagnols dans les Pyrénées-Orientales 1936-1940*

**Complétez votre collection**

**Nicolas LEBOURG -Abderahmen MOUMEN**

# RIVESALTES
## LE CAMP DE LA FRANCE
### 1939 À NOS JOURS

Col·lecció
« HISTÒRIA »

Trabucaire

Photographies Gérard Ripoll


2 rue Jouy d'Arnaud
F - 66140 - Canet en Roussillon
www.trabucaire.com


*Première édition*


Dépôt légal : février 2015 - N° imprimeur : 021550633
*Imprimé en France par Présence Graphique - Monts*

ISBN : 978-2-84974-206-8
ISSN : 0998-0091

## Préface

## Rivesaltes, un observatoire de l'histoire du XXᵉ siècle

Écrire l'histoire du camp de Rivesaltes, ce n'est pas faire de l'histoire locale, ni même apporter une contribution à un sujet déjà bien documenté, la Shoah en France, ou beaucoup plus en construction, les Harkis. C'est un prisme à travers lequel apparaît l'histoire tourmentée de la France depuis plus de sept décennies. Nicolas Lebourg et Abderahmen Moumen nous en font la démonstration à travers ces quinze séquences courtes et denses qui racontent les avatars de ce lieu à la fois différent et toujours le même. Les auteurs n'exagèrent pas en qualifiant ce camp, de « camp de la France ». Certes, celui-ci n'est pas le seul endroit qui a reçu tour à tour les tragiques victimes de Vichy et du nazisme puis à l'opposé les collaborateurs – ce fut le cas de Drancy même. Mais, jamais, un camp n'a subsisté sur une aussi longue durée comme lieu d'enfermement et de mise à l'écart.

La complexité de Rivesaltes est plus grande encore avec la coexistence d'un camp militaire et d'un centre d'internement dont les occupants de ces deux entités ont un statut opposé, les uns du côté de l'État et du pouvoir, les autres en situation d'exclusion. Le camp n'arrivera jamais à sortir de cette contradiction, d'autant plus que l'opposition est moins tranchée qu'il n'apparaît au premier abord, quand on voit les troupes allemandes recevoir les soldats italiens après la chute de Mussolini.

*Une tour de Babel et un labyrinthe du siècle*

À partir de là, un des traits permanents du camp, c'est la tour de Babel. Ainsi en 1941, Rivesaltes contient un peu moins de 6 500 internés, mais représentant seize nationalités ! Après la Libération, au début de 1945, le camp accueille plusieurs centaines de réfugiés soviétiques, mais aussi des collaborateurs belges et des fascistes italiens ; on y trouve également une ressortissante polonaise, internée jusqu'en mars 1945 suite à sa condamnation le 26 juin 1944 pour avortement, tandis qu'une autre est là pour « relation intime avec les Allemands ». À l'autre bout de son existence comme camp d'internement, Rivesaltes dépasse les mille entrées annuelles, cumulant en 1997 près de 6 500 nuitées et devenant l'un des plus importants centres de rétention d'immigrés clandestins. La variété des traducteurs certifiés est un signe de la diversité des internés, pas moins de sept langues dont le russe et le chinois !

La tour de Babel s'accompagne d'un « labyrinthe de cas » pour reprendre l'heureuse expression des auteurs : tout au long du récit, apparaissent des destinées individuelles, parfois, victimes de la violence nazie, mais tout autant de l'incohérence kafkaïenne de l'administration. Ainsi Arthur Symannek. Allemand, pourtant naturalisé Français en 1920, est interné par les Français. Puis la Gestapo. Il est arrêté à nouveau à la Libération, il est acquitté par le tribunal. On le retrouve quelques mois après à Rivesaltes, « sans que nul dans les services administratifs ne sache ni comment ni pourquoi, et la préfecture reconnaissant que cet état perdure à l'étonnement général ! » Nul doute que les exemples pourraient être multipliés si l'on privilégiait la micro-histoire.

C'est que, pour l'administration, l'existence de Rivesaltes est la solution de facilité, chaque fois qu'il s'agit d'interner, le camp est là, avec ses effets pervers. Ainsi le département des Pyrénées-Orientales a un pourcentage d'internés pour faits de collaboration beaucoup plus élevé que la moyenne nationale, plus de six fois ! Or le département ne se distingue pas pour ses liens avec les nazis, La collaboration n'y est pas particulièrement active, mais la présence d'un lieu propice à disposition des autorités, encourage l'arrestation et l'enfermement. Visiblement, la Résistance s'est trouvée dépassée et n'en voulait pas tant. L'attitude du responsable communiste du camp à la Libération est significative : il se montre hostile à la pratique des femmes tondues et rentre en conflit avec la direction du camp de l'époque !

Pourtant Rivesaltes connaît dès l'origine des problèmes récurrents qui ne seront jamais réglés, même quand n'existe plus la volonté d'humiliation propre à la période de Vichy et au tragique contexte de la solution finale. Les auteurs en font le constat accablant : le climat, la mauvaise qualité de l'encadrement, les gardiens en particulier, l'alimentation, la surmortalité réelle avec sa longue liste de morts, plusieurs fois égrainés ; certains, à ce propos, en profitent pour se livrer à un douteux révisionnisme au sujet des prisonniers de guerre allemands. On ne tire aucun enseignement des périodes précédentes ni des rapports périodiques sur les handicaps du lieu. À plusieurs reprises, tel ou tel responsable met en garde contre l'utilisation inconsidérée de ces locaux. Ainsi pendant la Guerre d'Algérie, le général d'Armée Le Puloch, chef d'État-major de l'armée, est hostile à l'internement des nationalistes algériens, car il craint la proximité du centre de formation professionnelle nord-africain avec les risques évidents de contamination. Vingt ans plus tard, quand le gouvernement veut y installer un centre de rétention administrative, le préfet des Pyrénées-Orientales indique que c'est le plus mauvais choix. Rien n'y fait. Le lieu paraît condamné à recevoir toutes les marginalités et les exclusions de l'époque sans qu'il soit question de la moindre cohérence : à quelques semaines près les Harkis vont succéder aux militants du FLN ! La mécanique administrative est implacable et obéit à sa logique propre, indépendamment des conséquences politiques et humaines.

*Au temps de l'ère mémorielle*

La dernière partie du livre n'est pas moins intéressante et renforce la démonstration des auteurs selon laquelle Rivesaltes est un témoin fidèle de l'histoire de notre pays, y compris sous sa forme la plus récente, celle de ses mémoires et de leurs « oublis ». Ainsi d'anciens déportés de Buchenwald, faisant une conférence dans la commune en juillet 1945, suggèrent aux internés survivants de rejoindre les associations de déportés résistants, sans la moindre allusion aux déportés juifs disparus dans les camps de la mort. Rien de surprenant étant donnée la date. Mais, cette ignorance persiste encore en 1968, lorsque le préfet du département, répondant à l'ambassadeur d'Allemagne, semble ignorer l'îlot du camp regroupant les juifs en 1942 ! Lorsque vient l'ère de la mémoire, chacun vient rappeler une époque du camp. Sans surprise, le rôle de Rivesaltes comme étape vers Drancy et Auschwitz émerge le premier avec la pose d'une plaque en 1994, ce qui est d'ailleurs assez tardif par rapport à d'autres lieux de mémoire autour de la Shoah, probablement parce que les fonctions plus récentes du camp ont recouvert un passé plus ancien,

Dès l'année suivante, était placée une autre plaque en hommage « aux soldats réguliers et aux supplétifs issus de l'Armée d'Afrique » complétée six ans plus tard par une stèle ! La concurrence mémorielle se mettait en marche avec le danger permanent de l'instrumentalisation politique, à plusieurs reprises signalée dans l'ouvrage, particulièrement dans la dernière campagne présidentielle de 2012. S'ensuivaient d'autres mémoriaux pour les républicains espagnols et les tziganes tandis que la Cimade déposait aussi une plaque « aux milliers d'hommes et de femmes dont le seul tort était d'être étrangers », claire allusion au centre de rétention administrative. Bien d'autres mémoires auraient pu se manifester, comme celle du FLN, curieusement absente.

Les auteurs montrent bien comment cette addition « de symboles commémoratifs » mis côte à côte est signe d'incohérence. Le projet architectural du futur mémorial du camp de Rivesaltes composé de quatre arbres représentant quatre communautés martyrisés espagnols, juifs, tsiganes, harkis n'améliore guère la compréhension du lieu et de son histoire, enfermant chacun dans un « essentialisme communautaire qui assigne à résidence identitaire ». Denis Peschanski, directeur scientifique, nous indique que cette curieuse mise en scène avait été abandonnée au profit d'une approche historique : évolution heureuse.

La seule solution pour sortir de l'impasse est en effet cette approche qui ne néglige aucune des réalités concomitantes et successives, les replaçant dans leur contexte économique, social et politique. Voilà pourquoi ce livre est important et vient à son heure. Il prouve s'il en était besoin, la nécessité de ne rien oublier de ce parcours sinueux et l'utilité d'une distance vis-à-vis de mémoires même tout à fait respectables et à prendre en considération.

*Philippe Joutard**

* Professeur d'histoire à l'Université de Provence et à l'EHESS et ancien recteur (Besançon, Toulouse). Pionnier de l'histoire orale en France, spécialiste des rapports entre histoire et mémoires dans nos sociétés, il a, entre autres, publié *Histoire et mémoires, conflits et alliance* (La Découverte, 2013).

# Le camp de la France

À Rivesaltes, petite commune des Pyrénées-Orientales, la terre est brune, le muscat doux et le vent fort. L'Espagne est toute proche. Longtemps, cela a suffi comme description... Qu'importait cette forêt de baraques en ruines au long de la route? Entre poire et dessert, on se remémorait vaguement ce lieu entre mer et montagne: à Rivesaltes, il y a le camp militaire Joffre, celui qu'on nomme le « camp de Rivesaltes ». Un camp d'internement au bout de l'hexagone, actif sous ses diverses formes des décennies durant. Un camp français, presque oublié dans les vignes de la plaine du Roussillon, jusqu'à ce qu'un fait divers n'en déterre la mémoire confuse. Dorénavant, on se souvient enfin, on se rappelle des uns, puis des autres, et parfois des uns contre les autres. Au cimetière de Rivesaltes, demeurent encore les tombes de 212 internés. Au camp de Rivesaltes, on ne sait plus guère où sont les divers cimetières...

Ce camp a vu se presser dans ses baraques étroites les foules faméliques de la « *Retirada* », ces réfugiés espagnols fuyant le franquisme victorieux; il a vu passer Gitans et juifs, en transit vers Drancy; il a connu ensuite des collaborateurs, des prisonniers de guerre, puis plus tard encore des harkis et enfin, récemment, des immigrés clandestins. Il est temps de rendre à ce lieu confus des mémoires françaises la réalité de son histoire: c'est le but que nous poursuivons ici. Cet ouvrage parcourt l'histoire du camp, de sa fondation à sa représentation sociale; à travers lui, c'est aussi tout un pan d'histoire de la France que nous souhaitons éclairer. Car, à n'en pas douter, les camps de Rivesaltes forment une unité. Rivesaltes, c'est le camp de la France.

Son histoire part d'un événement qui peut paraître banal, un débat sur le lien entre chômage, insécurité et immigration. La France de l'Entre-deux-guerres est le premier pays d'immigration au monde. Toutefois, durant les années 1930, se répand dans les élites l'idée d'une sélection des migrants, fondée sur la possibilité de leur assimilation économique et ethno-culturelle, tandis que les masses se raidissent face à l'afflux de réfugiés perçus comme une concurrence sur le marché du travail. En 1938 est instauré pour la première fois un sous-secrétariat d'État en charge de l'immigration et des étrangers. Certes, celui-ci ne fonctionnera que deux mois, mais son existence témoigne d'une volonté d'organisation rationnelle et étatique de la question migratoire, volonté d'une « étatisation de la société » qui a fait son chemin depuis la loi sur la nationalité de 1889. Cette dynamique s'appuyant sur des faits-divers (une série de violences politiques commises par des étrangers) porte à la promulgation du décret-loi du 12 novembre 1938 permettant le regroupement en « camps d'internement » des « étrangers indésirables »[1].

C'est aussi en 1938 qu'est décidée l'installation du camp militaire « camp Joffre », à quelques kilomètres de Perpignan (Pyrénées-Orientales), pour quatre cinquièmes sur la commune de Rivesaltes et pour un cinquième sur celle de Salses[2]. Outre sa mission initiale de transit pour les troupes coloniales (en 1941 y séjournent ainsi des troupes rapatriées de Syrie et un bataillon de tirailleurs sénégalais), de dépôt et d'instruction, ce lieu n'a cessé ensuite de recevoir des populations civiles et des soldats vaincus. Durant sept décennies, y sont regroupés et immobilisés des réfugiés accusés de présenter un risque économique et politique (Espagnols fuyant le franquisme ; Européens du Centre et de l'Est, souvent juifs, chassés par les avancées nazies, mais considérés comme ressortissants de puissances ennemies), des populations mises en cause sur une base raciste (Gitans et juifs), des prisonniers de guerre de l'Axe, des collaborateurs, des supplétifs coloniaux de l'armée française et des populations civiles fuyant les nations post-coloniales, des immigrés clandestins… La succession des occupations correspond à des adaptations conjoncturelles. Cependant, loin d'être un inventaire à la Prévert, l'histoire du camp de Rivesaltes dessine en creux celle de la gestion technique des flux humains par l'État.

Ses diverses occupations ont entraîné des collusions entre « mémoires »[3]. D'abord oublié, le camp est venu à l'assaut des consciences dans des circonstances très précises à la moitié de la décennie 1990. Il n'est alors question que de sa période antisémite. C'est ensuite la question des républicains espagnols qui a émergé. Avec le cinquantenaire de la fin de la Guerre d'Algérie, c'est essentiellement la phase post-coloniale qui est aujourd'hui investie. Une semaine avant

---

[1] Cf. Gérard Noiriel, *État, nation et immigration*, Paris, Gallimard, 2005 et Olivier Clochard, Yvan Gastaut et Ralph Schor, « Les camps d'étrangers depuis 1938 : continuité et adaptations », in *Revue européenne des migrations internationales*, vol. 20, n° 2-2004, pp. 57-87.

[2] Il représente 4 kilomètres de long et 2 de large en ses limites maximales, soit une surface d'environ 612 hectares dont 13 sont bâtis. Il est divisé en 16 îlots : A, B, D, E, F, J, K, N, Q, O, intendance, artillerie, commandement, auto, écuries, santé (Archives Départementales des Pyrénées-Orientales – désormais ADPO, – 1260W68, Renseignements Généraux des Pyrénées-Orientales, « Historique du camp de Rivesaltes », 9 janvier 1958, pp. 1-2).

[3] La mémoire est la mobilisation d'une représentation du passé par un groupe donné.

le premier tour des élections présidentielles de 2012, le candidat et Président de la République Nicolas Sarkozy est venu visiter le camp pour y rendre hommage aux anciens supplétifs harkis. Quelques mois de plus et, lors de la journée nationale d'hommage aux harkis du 25 septembre 2012, c'est Marine Le Pen qui, en tant que députée européenne, venait déposer une gerbe au camp de Rivesaltes.

Hors des usages politiques à l'œuvre, l'étude des populations dites nord-africaines témoigne des constantes, des continuités, des pratiques administratives, des représentations qui se poursuivent à travers le temps sur une même population mais dont les statuts diffèrent pourtant : du militaire au travailleur nord-africain, du prisonnier nationaliste aux harkis. Même lieu, même origine, différents statuts mais même conception d'une « mentalité musulmane » conceptualisée, considérée comme immuable et dont l'évolution ne serait facilitée que par un encadrement disciplinaire. Le camp de Rivesaltes sous ses diverses formes (centre professionnel de formation accélérée pour les Nord-africains, centre militaire de formation professionnelle pour les militaires dits « Français de Souche Nord-Africaine », centre pénitentiaire pour les nationalistes algériens et camp de transit et de reclassement pour les familles d'anciens supplétifs dits « harkis ») constitue ainsi un miroir des représentations du Nord-africain.

Faire l'histoire du camp de Rivesaltes est, en toutes ses périodes, mettre à jour la manière dont, pour construire notre « nous », nous choisissons un « autre » que nous assignons à résidence en ses murs. Cet autre peut bien changer, le camp perdure.

CAMP JOFFRE
DE RIVESALTES

## L'INTERNEMENT DES RÉFUGIÉS EUROPÉENS

L'opinion publique française s'est passionnée pour la Guerre d'Espagne. Cette dernière n'est pas vue comme la dernière guerre civile ibérique en date, mais, dès son origine en 1936, comme synthétisant sur un territoire le sort de l'Europe. Alors que le Parti Communiste Français fait assaut de légalisme depuis la signature du pacte d'assistance mutuelle franco-soviétique de 1935, tandis que l'extrême droite ne parvient pas à percer en termes militants ou électoraux malgré l'agitation du 6 février 1934, la Guerre d'Espagne importe pour redessiner le paysage politique français selon un clivage antifascisme-anticommunisme, où l'on choisit son camp selon l'ennemi prioritaire que l'on désigne[4].

En 1937 et 1938, environ 70000 Espagnols trouvent refuge en France. Au vu de l'évolution de la Guerre d'Espagne, la consigne du ministre de la Défense est de préparer l'accueil de 15000 nouveaux arrivants. Au printemps 1938, des études prévoient l'installation possible de camps pouvant les regrouper sur les territoires des villages du littoral: Argelès-sur-Mer, Le Barcarès, Saint-Cyprien, ou, dans la montagne, Matemale[5]. En janvier 1939, ce sont plus de 40000 personnes qui viennent se heurter à la frontière. La France a d'abord décidé de la maintenir fermée. Face au drame et à la masse, cette politique est intenable. Le gouvernement français opte à la fin du mois pour une ouverture partielle, admettant le passage par jour de 2000 femmes, enfants, vieillards et malades. Dans le chaos, les bilans numériques de la préfecture ne sauraient qu'être des évaluations, mais ils donnent un ordre de grandeur. Entre le 28 janvier et le 6 février, ce sont 96613 femmes, 32452 enfants et 3490 vieillards qui sont admis à passer la frontière pour être envoyés dans les départements de l'intérieur[6].

Mais le mouvement n'est plus contrôlable sans un usage massif de la force, option écartée tant la République française ne pourrait se faire l'alliée de fait des troupes franquistes. Finalement, ce sont plus de 450000 républicains qui traversent les Pyrénées en février 1939 dans ce que l'on nomme la « *Retirada* ». 50000 militaires français sont appelés sur place pour canaliser le flux. La plupart des réfugiés passent par des postes douaniers, en particulier celui du col du Perthus. Certains se fixent un temps sur les villages de montagne: 16000 réfugiés sont à Bourg-Ma-

---

[4] Cf. Nicolas Lebourg, *« Mort aux bolchos »*, Paris, Les Échappés, 2012, pp. 62-69.

[5] ADPO, 1287 W 1, lettre du ministre de la Défense aux généraux commandant les 16e et 17e régions militaires, 29 mai 1938; *idem*, plans des futurs camps, avril 1938.

[6] ADPO, 31W274, rapport du préfet des Pyrénées-Orientales au ministre de l'Intérieur, 6 mars 1939, p. 2.

dame, 31 600 sont répartis entre Arles-sur-Tech et Amélie-les-Bains. Des réfugiés franchissent tous les lieux de passage de la chaîne pyrénéenne, avec des blessés, des familles, des chaussures de villes, mais encore 40 000 moutons et 10 000 équidés. Reçus par gendarmes et tirailleurs sénégalais, ils sont encadrés jusqu'au sable du littoral français où ils viennent s'échouer : 87 000 personnes à Argelès-sur-Mer, 80 000 à Saint-Cyprien. Ils en retiennent tous le même son « allez, allez », et vivent souvent très mal d'être ainsi gérés par des troupes coloniales, ce qu'ils ressentent comme une humiliation : la France ne daignerait que mobiliser ses Noirs pour les réceptionner. En mars, 264 000 Espagnols se serrent dans les camps du Roussillon – alors que la population départementale s'élève à moins de 240 000 personnes, dont 37 000 Espagnols, et que Rivesaltes est une bourgade de 5 000 âmes. 12 000 blessés ont été recensés à la frontière, alors que l'hôpital de Perpignan compte un nombre insuffisants de lits... Que faire ? Dès le 17 février, le conseil municipal de Perpignan a proposé deux solutions : soit la répartition des réfugiés dans les camps militaires départementaux, soit leur transfert dans les départements intérieurs. Le conseil municipal d'Argelès et le Conseil Général réclament tous deux la fermeture des « camps de concentration ». Face à l'engorgement du réseau des camps provoqué par un tel exode, il est envisagé de verser au camp Joffre plus de 15 000 réfugiés catalans. Cela reste à l'état de projet, même si de plus faibles flux ont lieu. Ainsi, un millier de miliciens internés au camp du Vernet (Ariège) sont envoyés à Rivesaltes à la fin du mois de juillet 1939[7].

Sur cet espace, une telle présence espagnole n'est pas sans provoquer des effets de mémoire. En effet, l'Espagne du XIXe a été marquée par une série de guerres intérieures qui ont provoqué à chaque fois des flux de vaincus venus se réfugier à l'arrière de la frontière. Un siècle avant la *Retirada*, 15 000 soldats espagnols du camp carliste sont venus chercher asile dans la ville de Perpignan qui compte alors 18 500 habitants. Malgré l'univers linguistique commun, l'afflux provoque des tensions sociales. On conspue les « déserteurs », on les accuse de vols, viols

[7] ADPO, 31W274, rapport du préfet des Pyrénées-Orientales au ministre de l'Intérieur, 6 mars 1939, pp. 4-10 ; Pierre Milza et Denis Peschanski (dir.), *Exils et migration. Italiens et Espagnols en France 1938-1946*, Paris, L'Harmattan, p. 140 et p. 315 ; Florence Ghuilem, *L'Obsession du retour. Les Républicains espagnols 1939-1975*, Toulouse, Presses Universitaires du Mirail, 2005, p. 11 ; Grégory Tuban, *Les Séquestrés de Collioure*, Perpignan, Mare Nostrum, 2003, pp. 16-17 ; Denis Peschanski, *La France des camps*, Paris, Gallimard, 2002, p. 43 ; Archives Départementales de l'Ariège, 5M151/2 (Beate Husser, Base de données du Musée-Mémorial du camp de Rivesaltes).

et assassinats. Les gazettes se font pleines de crimes d'Espagnols. Le rétrécissement du marché du travail à la fin du siècle mène à ce qu'on leur reproche de représenter une concurrence déloyale[8]. La « protection du travail national » contre l'immigration de travail était un thème déjà bien connu en France depuis les dernières décennies du XIXe siècle, le socialiste Jules Guesde estimant ainsi que la main-d'œuvre immigrée était une modalité patronale de casse des salaires et de la conscience prolétarienne. Les années 1880-1890 avaient vu diverses nouvelles dispositions juridiques limiter les possibilités d'emploi des étrangers en France, réservant certaines professions aux nationaux, tandis que la pratique judiciaire avait utilisé les dispositions prises à l'encontre du terrorisme anarchiste contre des réfugiés *ipso facto* amalgamés avec ce terrorisme sans raison empiriquement fondée[9].

Cependant, étant donné la mobilisation militaire des travailleurs durant la Première Guerre mondiale, le pays s'ouvre largement aux travailleurs coloniaux et étrangers. Du recensement de 1921 à celui de 1931, la proportion d'étrangers dans la population métropolitaine est passée de 3,95 % à 6,58 %. Les Espagnols participent amplement de cet afflux en représentant la troisième nationalité immigrante en 1931 (derrière les Italiens et les Polonais) avec 351 900 Espagnols présents. Le 10 août 1932, le parlement durcit les restrictions à l'emploi des travailleurs étrangers mises en place en 1893 (selon des décrets qui facilitaient dans le même temps la naturalisation). Il instaure un système de quotas limitant le nombre de travailleurs étrangers dont doit disposer une entreprise si elle veut pouvoir concourir aux marchés publics, et permet la fixation par l'État de quotas de travailleurs étrangers pour le personnel des autres entreprises. Signe du consensus social : la loi est adoptée par 432 voix contre zéro, socialistes et communistes s'abstenant et seuls ces derniers s'y étant originellement opposés. Les décrets pris témoignent qu'il ne s'agit pas que d'une demande sociale des classes populaires puisque médecins et avocats sont parmi les premiers à obtenir un texte réglementaire. Le gouvernement de Front Populaire qui s'installe en 1936 n'abroge que la loi de 1935 qui obligeait les étrangers à disposer d'une autorisation préfectorale pour déménager

---

[8] Raymond Sala et Alain Tarrius, *Migrations d'hier et d'aujourd'hui en Roussillon*, Canet, Trabucaire, 2000, pp. 60-102.

[9] Léon Gani, « Jules Guesde, Paul Lafargue et les problèmes de population », in *Population*, n°6, 1979, pp. 1023-1044; Pierre Guillen, « L'Évolution du statut des migrants en France aux XIXe-XX[e] siècles », in *L'Émigration politique en Europe aux XIXe et XXe siècles. Actes du colloque de Rome (3-5 mars 1988),* École Française de Rome, Rome, 1991, pp. 35-55.

d'un département à un autre. Lorsque Léon Blum prend le pouvoir, la législation a eu un réel impact puisque 345 000 étrangers ont quitté la France depuis 1931[10].

Les réfugiés espagnols qui parviennent en France à partir de 1937 ont mauvaise presse. Les journaux des Pyrénées-Orientales (*La Croix* et *L'Indépendant*) fustigent « déserteurs », « fuyards » et « indésirables » venus piller, voler et violer en France. Seule la presse résolument engagée à gauche appelle au soutien des réfugiés au nom de la solidarité antifasciste internationale. Sur ce principe, dès l'hiver 1939, elle sera bien seule à réclamer que l'on vide les camps. Contre la présence des Espagnols, l'extrême droite use à la fois des péjorations nationales et sociales. Le Parti Social Français dénonce en 1937 le travail pris par les « indigènes d'Ibérie » alors que tant de nationaux connaissent le chômage. La même année, le Parti Populaire Français lance son journal local en affirmant que « la place des Espagnols est d'aller sur les fronts de Huesca ou de Madrid, au lieu de participer aux défilés du Front Populaire et de prendre le pain des Français », et maudit le gouvernement français qui « préfère donner du travail aux anarchistes espagnols [et] envoie les chômeurs français se battre en Espagne pendant que les Espagnols s'enrichissent en France »[11]. La péjoration de l'Espagnol fonctionne amplement sur un double amalgame : la nationalité est assimilée à la subversion de gauche, la subversion au vol des marchandises comme du travail.

Ces considérations sur le rapport entre masses d'étrangers et volume national de travail ne sont pas absentes de l'après-*Retirada*. Que faire de tous ces hommes ? Le ministre de l'Intérieur réclame un rapport pour répondre à cette question. Le document qui lui est remis évacue la possibilité de les laisser sur le marché du travail, en raison du chômage des nationaux. Il s'agit donc d'en user uniquement pour des tâches d'ouvriers non qualifiés, sur des ouvrages d'intérêt public (routes, curages), en les concentrant auprès des chantiers afin de ne pas établir de nouveaux surcoûts[12]. L'internement provoque en fait des transferts

---

[10] Jeanne Singer-Kerel, « "Protection" de la main-d'œuvre nationale en temps de crise », in *Revue Européenne des Migrations Internationales*, vol. 5, n°2, 1989, pp. 7-27.

[11] Emmanuelle Salgas, « L'Opinion publique et les représentations des réfugiés espagnols dans les Pyrénées-Orientales », Jean Sagnes (dir.), *Les Français et la Guerre d'Espagne*, CREPF, Perpignan, 1990, pp. 188-193 ; Philippe Hugue, *Naissance et développement des mouvements fascistes en Catalogne-Nord dans les Années 30 : le PSF et le PPF*, Université de Perpignan, 1977, p. 106.

[12] ADPO, 48W71, rapport de l'ingénieur en chef, préfecture des Pyrénées-Orientales, au préfet pour réponse au ministre de l'Intérieur, 7 avril 1939.

de charges de travail. Ainsi, les ouvriers agricoles de Rivesaltes étant embauchés par le camp, ce sont des internés espagnols qui les remplacent aux travaux agricoles[13]. Des réfugiés espagnols sont versés dans des Compagnies de Travailleurs Étrangers (CTE), créées par le décret du 12 avril 1939, composées théoriquement de 250 hommes et commandés par des officiers français. Dès le 20 avril 1939, 25 CTE sont en place. La volonté de s'extraire des camps explique le volontariat qui se manifeste, l'indemnité journalière s'élevant quant à elle à 1,5 franc, au printemps 1939, et se situe entre 5 et 10 francs à l'automne[14].

Alors que la Guerre d'Espagne s'achève, la situation de l'Europe toute entière se dégrade. Le 26 août 1939, le gouvernement français avertit l'Allemagne qu'en cas d'intrusion de ses armées en Pologne la France entrera en guerre. Le lendemain, le commissaire de Rivesaltes écrit au préfet du département. La population s'inquiète, explique-t-il : qu'adviendra-t-il de tous ces Espagnols en cas de mobilisation générale ? Lui-même esquisse déjà une solution, tenant à préciser que « si des départs d'étrangers (réfugiés) pour ces camps de concentration étaient prévus, je n'ai aucun moyen à ma disposition pour effectuer ces transferts ». Le même jour, le conseil municipal du village de Collioure, situé sur le bord de mer et tant peint par les Fauves, adopte à l'unanimité une délibération demandant au préfet que tous les Espagnols présents sur le territoire soient placés en « camps de concentration » sauf les éléments mâles adultes qui devraient être mis à disposition de l'armée française sous peine de provoquer la violente colère des populations[15].

La préfecture reçoit également toute une série de courriers émanant de particuliers qui assurent que si les Espagnols devaient demeurer oisifs, tandis que les Français seraient en guerre, ils le paieraient de leur vie. Le préfet s'adresse quant à lui au ministre de l'Intérieur. Il lui assure que ses administrés répondent très loyalement à leur convocation sous les drapeaux, mais aussi avec « un peu d'amertume d'avoir à laisser leurs familles et leurs biens alors que les Espagnols restent tranquillement chez eux ». Selon lui, les réfugiés se répartissent entre ceux qui se déclarent prêts à se battre pour remercier la France de les

---

[13] ADPO, 31W84, rapport du commissaire de police de Rivesaltes au préfet des Pyrénées-Orientales, 26 février 1942.

[14] Bartolomé Bennassar, « L'Apport des réfugiés espagnols à l'économie (1939-1941) », in *Républicains espagnols en Midi-Pyrénées*, Toulouse, Presses Universitaires du Mirail, 2005, pp. 156-157. Pour convertir en euros courant, voir le site de l'INSEE.

[15] ADPO, 1MM661, lettre du commissaire de police de Rivesaltes au préfet, 27 août 1939 ; délibération transmise au préfet, 27 août 1939.

avoir accueillis, et ceux qui comptent profiter de la situation et auxquels il importe pour le maintien de l'ordre public d'appliquer « des mesures très sévères » tel qu'il affirme avoir commencé à le faire. Le ministre le félicite et ajoute : « Je vous serais, d'autre part, obligé de bien vouloir envisager l'internement dans les camps de *votre département* de ceux dont l'attitude laisserait à désirer »[16]. Lui-même a adressé un télégramme codé à tous les préfets deux jours avant l'entrée en guerre. Sans illusion sur son caractère inéluctable, il pose nettement la question des réfugiés espagnols en ce cadre : « partout priorité hébergement doit être assurée à population française évacuée sur réfugiés espagnols qui devront être resserrés et au besoin déplacés dans cadre département dans toute mesure utile opération doit être conduite avec doigté mais sans hésiter possible si elle s'avère nécessaire »[17].

L'entrée en guerre de la France est ainsi marquée par le souci d'organiser les masses étrangères sur son territoire. Le 17 septembre 1939, une circulaire ordonne l'expulsion ou l'internement des étrangers suspects quant au maintien de l'ordre public ou l'intérêt national, sauf ceux des puissances ennemies qui ne sauraient être expulsés afin qu'ils ne fournissent pas alors d'aide. Trois jours après, la suspension de la loi du 10 août 1932 permet l'approvisionnement massif en hommes des Compagnies de Travailleurs Étrangers. Le résultat de ces dispositions est de vider les camps des Espagnols pour les verser dans les CTE, tandis que les camps se remplissant d'Allemands qui, certes, ont fui le III^e^ Reich, soit qu'ils fussent juifs soit qu'ils fussent des opposants politiques, au motif qu'ils sont de la nationalité ennemie. Conséquemment, dans les jours qui suivent, ce ne sont pas des Espagnols qui parviennent dans l'ébauche de camp de Rivesaltes, mais 800 ressortissants de puissances ennemies, pour l'essentiel des juifs allemands ayant fui le nazisme[18]. Cette phase mêle confusion et improvisation, car le camp Joffre est, à ce stade, en fait encore en élaboration. Le choix n'est même pas encore pleinement tranché entre un camp démontable et des baraquements en « dur »[19]. Des troupes importantes ne commencent à y transiter qu'en février 1940 et n'y sont à demeure qu'à compter du printemps, soit

---

[16] ADPO, 1M661, brouillon de la lettre du préfet des Pyrénées-Orientales ; réponse du ministre de l'Intérieur, 9 septembre 1939 ; courriers au préfet de la fin août à la mi-septembre.

[17] ADPO, 1M661, ministre de l'Intérieur aux préfets, premier septembre 1939.

[18] Frédéric Wies, *Destination Rivesaltes. Histoire de l'expulsion des juifs de Sarre et de leur internement au camp de Rivesaltes,* mémoire de master 2 Histoire, université de Perpignan-Via Domitia, 2009, p. 55 ; Denis Peschanski, *op. cit.*, pp. 71-72.

[19] ADPO, 1M661, rapport de l'ingénieur TPE, 12 décembre 1939, 3 p.

au moment même où les travaux d'aménagement battent vraiment leur plein, agaçant la population car force sacs de ciment poussés par le vent viennent s'égayer dans les vignes[20]. Plusieurs compagnies de travailleurs indochinois y sont cantonnées.

Le fait que le lieu soit dévolu à des troupes coloniales suscite quelques tensions locales, que le conseil municipal tente d'apaiser en interdisant la vente d'alcool aux « militaires indigènes »[21]. En juillet 1940 y est installée la 157e Compagnie de Travailleurs Étrangers (237 hommes), rejointe par quatre autres CTE en septembre, soit plus d'un millier de travailleurs, quand le camp militaire aligne 5 000 soldats. Viennent ensuite quatre Groupes de Travailleurs Étrangers, ainsi que le groupement auto départemental. Pour l'essentiel, ces hommes sont des Espagnols républicains et non des extrémistes de gauche[22]. Tergiversations dans les décisions, aléas dans la construction : la difficile réalisation du camp va de concert avec l'hésitation quant à son objet. L'isolement des étrangers est loin d'être optimalisé : au printemps 1940, lorsqu'une bagarre oppose un Espagnol et un Français dans le camp, le lendemain une radio de Stuttgart annonce qu'Espagnols et Français se battent au camp de Rivesaltes...[23]

Le 10 mai 1940, le IIIe Reich lance ses armées sur le front occidental, attaquant la Belgique pour contourner la ligne Maginot installée par la France. La panique provoquée par l'avancée des troupes allemandes entraîne Belges, Luxembourgeois et Français sur les routes de l'hexagone. Les masses qui se déplacent vers le sud sont considérables, estimées globalement entre 6 et 8 millions de personnes dans ce qu'on nomme communément l'« Exode » comme les Espagnols avaient leur « *Retirada* ». Dans la gestion quotidienne des structures d'internement, une évolution est notable à la veille de la chute de la IIIe République. Alors que la préfecture use d'une nomenclature neutre dans ses rapports mensuels sur les camps depuis mars 1939, son rapport du 5 juillet

---

[20] ADPO, 1M661, lettre du syndicat des propriétaires de Rivesaltes au préfet, 30 mars 1940 ; Archives nationales, 9N269/1 et 34N1102 (documents aimablement communiqués par Beate Husser).

[21] ADPO, 133EDT34, délibération du conseil municipal de Rivesaltes, 5 février 1940.

[22] ADPO, 1060W2, Service départemental des Renseignements Généraux, « Historique du camp de Rivesaltes », 8 janvier 1958, p. 2. ADPO, 39W44, note du Commissaire principal des R.G. au préfet, 19 août 1942. ADPO, 53W53, rapport du commissaire de police de Rivesaltes au préfet, 29 décembre 1942. Par ailleurs, un recensement de 1940, sans plus de précision de dates néanmoins, démontre que 926 mineurs espagnols de plus de 17 ans sont domiciliés au camp de Rivesaltes (ADPO, 1260W128).

[23] ADPO, 1M661, lettre du commissaire spécial chargé des camps au préfet des Pyrénées-Orientales, 15 mai 1940.

1940 présente pour la première fois les catégories « indésirables » et « internés civils considérés comme prisonniers de guerre »[24]. Le 10 juillet 1940, les deux chambres votent un article unique remettant les pleins pouvoirs au maréchal Pétain: « L'Assemblée nationale donne tout pouvoir au gouvernement de la République, sous l'autorité et la signature du maréchal Pétain, à l'effet de promulguer par un ou plusieurs actes une nouvelle constitution de l'État français. Cette constitution devra garantir les droits du Travail, de la Famille et de la Patrie. Elle sera ratifiée par la Nation et appliquée par les Assemblées qu'elle aura créées ». Le régime qui se met en place se fonde sur une toute autre pratique...

La routine des camps du Roussillon ne va en être chamboulée que suite à plusieurs concours de circonstances. Dans une note du 24 septembre 1940, le ministère de l'Intérieur envisage d'utiliser les infrastructures du camp de Saint-Cyprien pour y loger de 9 000 à 10 000 déplacés de l'Exode. Les Espagnols doivent être concentrés soit sur le camp d'Argelès, s'ils sont considérés comme relevant de la catégorie « en surnombre dans l'économie nationale », soit vers ceux du Rieucros ou du Vernet, s'ils sont estimés représenter un danger potentiel pour l'ordre public. Cependant, les autorités sont confrontées aux conséquences de « *l'aïguat* », un phénomène pluvieux extraordinaire qui ravage les Pyrénées-Orientales entre les 16 et 19 octobre 1940. Cet épisode météo-hydrologique d'une violence inégalée en ce territoire depuis 1763 a désorganisé toutes les infrastructures, camps d'Argelès et de Saint-Cyprien inclus. Daté du 31 octobre, le rapport du préfet quant à ces faits décrit la destruction du camp d'Argelès, et la difficulté matérielle, humaine et financière qu'il y aura à le reconstruire, sans que pour autant il puisse être écarté qu'une nouvelle crue vienne le détruire. Or, il s'avère, note-t-il, que son département dispose du camp militaire de Rivesaltes, qui aurait selon lui la capacité d'interner 50 000 personnes et qui offrirait toutes les garanties requises en matière d'hygiène et de confort[25]. Fin novembre, un responsable du Comité International de la Croix-Rouge procède à une tournée des camps français. Bien qu'il ne se déplace pas lui-même à Rivesaltes, il affirme que c'est là « un camp qui paraît un modèle du genre », regrette vivement que la Défense ne paraisse pas vouloir le céder à l'Intérieur et s'en ouvre à Vichy auprès du sous-directeur de la Sûreté nationale et d'un membre du cabinet du

[24] ADPO, 1287W1, préfecture des Pyrénées-Orientales, « Compte-rendu », 5 juillet 1940.

[25] Felip Solé et Grégory Tuban, *Camps d'Argelers 1939-1942*, Valls, Cossetània, p. 151.

Maréchal Pétain[26]. Étant donné les conditions de l'armistice signé par Pétain le 22 juin 1940, démobilisant l'armée française hormis ce qui est demeuré utile au maintien de l'ordre, la transformation du camp Joffre, ce camp militaire jusque-là sans guère d'autre objet que le versement de civils, ne se révèle pas illogique[27].

Le 10 décembre, la Défense met à disposition 600 hectares au sud du camp militaire, afin de regrouper les individus expulsés d'Allemagne. La partie militaire fonctionne ensuite parallèlement aux camps civils. L'annonce de la création du camp n'est pas sans provoquer une certaine anxiété dans la population locale qui, d'emblée, l'assimile à un camp pour « indésirables »[28]. Le premier janvier 1941 voit l'installation d'un groupe de 56 réfugiés espagnols devant exécuter les travaux d'aménagement. Mais, du 3 au 13 janvier, ce que les documents de l'époque nomment un « ouragan » ravage le site. Avec des vents à 180 kilomètres/heure, la neige et la pluie, un groupe d'ouvriers espagnols dont une bonne part ne sont nullement des ouvriers, et un encadrement non hispanophone, ces premiers travaux sont une gageure. L'ingénieur en charge de la construction certifie le 12 janvier qu'il lui est impossible de mettre le camp en forme sans qu'on lui fournisse des ouvriers expérimentés et une quinzaine de jours. En fait, seuls cinq îlots sont peu ou prou utilisables, alors même qu'arrivent, dès le 14 janvier, les premiers hébergés (parmi lesquels sont « puisés » des ouvriers qualifiés). L'improvisation est telle que l'ingénieur en charge de la construction se plaint en ces termes: « Nous n'avons reçu à ce jour aucune notification d'aucune décision définissant le programme à réaliser effectivement (...) nous avons vu la destination du camp passer successivement par les phases suivantes: camp d'internement, camp surveillé, camp d'hébergement d'étrangers nécessiteux, puis, enfin, camp de repos assimilé à un établissement hospitalier »[29]. Toutefois, la nécessité de disposer du camp est toujours plus pressante. Confronté au désastre sanitaire du camp de Gurs, le préfet des Basses-Pyrénées écrit régulièrement à son homologue des Pyrénées-Orientales pour lui

---

[26] Serge Klarsfeld, *Recueil de documents des archives du Comité International de la Croix-Rouge sur le sort des Juifs de France internés et déportés 1939-1945*, vol.1, The Beate Klarsfeld Foundation, 1999, p. 113-114.

[27] ADPO, 38W67, lettre du 31 octobre 1940 (document aimablement signalé par Grégory Tuban).

[28] ADPO, 53W53, rapport du commissaire de police de Rivesaltes au préfet, 29 décembre 1940.

[29] ADPO, 38W67, rapport de l'ingénieur TPE délégué au service des constructions, 12 janvier 1941, et *idem*, 30 janvier 1941, p. 6.

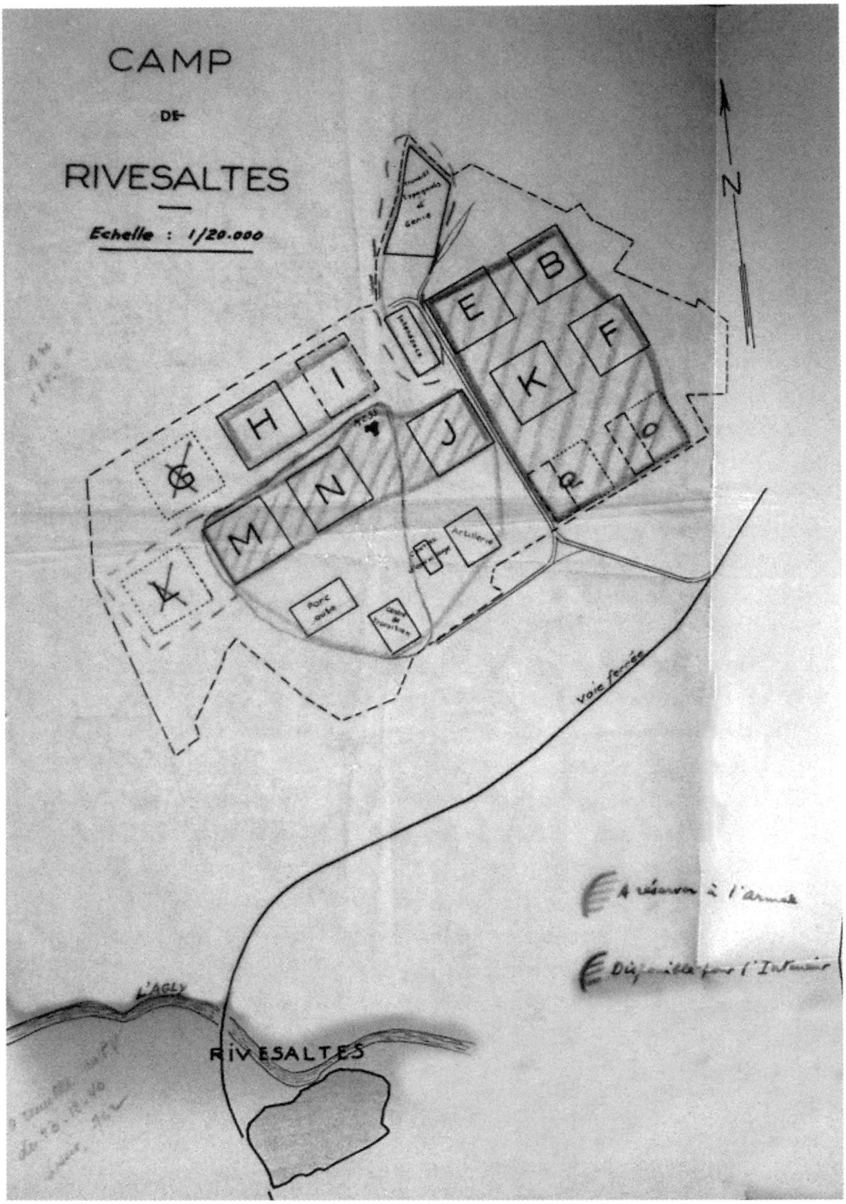


*SHD 13T286. Plan des îlots du camp de Rivesaltes.*

demander d'accepter le transfert d'une partie de ses internés. Le ministre de l'Intérieur ordonne *in fine* le transfert de 1 350 internés de Gurs à Rivesaltes, dont 570 enfants et 780 parents. Il s'agit de ressortissants allemands, entre autres des juifs de Sarre-Palatinat expulsés du III^e^ Reich vers la zone libre[30].

Pour organiser la vie du camp, l'administration de Rivesaltes réutilise le règlement du camp d'Argelès-sur-Mer. Les nouveaux arrivants doivent déposer leurs fonds et objets de valeur contre récépissé, de telle façon qu'ils leur soient rendus à leur départ. Ils peuvent néanmoins construire une cagnotte utilisable et reconductible de 800 francs. La possession de livres et journaux est licite à condition qu'ils ne contiennent pas de messages subversifs. Le commerce et les jeux de hasard sont interdits, mais les prêts et dons sont autorisés. Les colis et visites sont autorisés. Les hommes n'ont pas de droit d'accès au camp des femmes hormis des maris qui peuvent, sur accord du chef de camp, être autorisés à déjeuner avec leur épouse – cette disposition ne pourra être assurée factuellement et sera remplacée par la suite par un droit de visite en journée. La première évasion est punie de prison, la deuxième provoque un emprisonnement avec doublement de la durée de la première, la troisième entraîne l'internement au camp répressif du Vernet d'Ariège[31].

Finalement « Centre d'hébergement de Rivesaltes », le camp dispose de neuf îlots (E, B, F, J, K, recevant les internés, H et I étant inutilisables, O et Q étant réservés aux services du camp) et de structures relais à Perpignan (l'Hôpital Saint-Louis, le Centre des Haras, ce dernier ayant été une zone de réception et de triage pour les réfugiés de la *Retirada*)[32]. D'abord envisagé pour un maximum de 17 000 « hébergés », il aligne 150 grandes baraques permettant chacune d'accueillir environ 70 personnes, soit une capacité globale de 10 000 individus. Il permet ainsi un rééquilibrage de la carte départementale des camps : en avril 1941, Argelès compte 6 248 hébergés dont 3 617 hommes tandis que Rivesaltes en dispose de 7 702 dont 2 295 hommes[33]. Certains internés passés d'un camp à l'autre conservent des contacts grâce au courrier.

[30] Frédéric Wies, *op. cit.*, pp. 23-27.

[31] ADPO, 1287W1, règlement émis par la Direction générale de la Sûreté Nationale, 17 janvier 1941.

[32] ADPO, 38W67, « Rapport de l'ingénieur TPE Chef du service des constructions », 4 février 1941, p. 1.

[33] ADPO, 1287W1, rapport du commissaire divisionnaire de Police Spéciale Chargé de la Surveillance générale des camps dans les Pyrénées-Orientales au préfet, 26 avril 1941, p. 2.

Ainsi d'Odd Ellignsen, transféré à Rivesaltes et qui reçoit de deux de ses camarades restés à Argelès une missive où ils l'entretiennent des poux qui prolifèrent, des rumeurs quant à un éventuel départ prochain pour le camp du Barcarès, de leurs bains de mer, et du fait que lorsque tout un chacun sera libéré cela signifiera aussi que tout un chacun sera dispersé, perdant de vue les amitiés nouées[34]. Prévue pour être réalisée avec un budget de deux millions de francs, la construction du camp aurait finalement coûté 2 523 971 francs[35].

Le gardiennage est, quant à lui, le même dans tous les camps. En avril 1941, un rapport du ministère de l'Intérieur décrit les gardiens comme « assez peu payés, mal logés, sans uniforme, ils sont partout instables et le plus souvent sans autorité » et demande que cesse tout de suite la pratique qui consiste à faire participer des internés à la garde... Le gardiennage rivesaltais connaît des problèmes de discipline durant tout 1941-1942. De nombreux gardiens sont révoqués ou réprimés pour divers motifs : absentéisme, vols de nourriture destinée aux internés, brutalités, alcoolisme forcené, violences sexuelles, échanges de nourriture contre un service sexuel, corruption pour permettre une évasion, etc.[36] La faible qualité du gardiennage est un souci quasi-constant dans les rapports mensuels du commandant du camp à ses supérieurs.

Rapidement, le camp est devenu une tour de Babel. Le 31 mai 1941, il compte 6 475 internés de 16 nationalités principales dont, au premier chef, 3 582 Espagnols (55,3 % des effectifs) et 1 278 Français (soit 19,7 %, juifs pour 69,6 % d'entre eux) ; les juifs étrangers représentent 2 256 personnes soit 34,8 %[37]. La particularité du lieu est de rassembler des familles mais sans les regrouper : il est des baraques pour les hommes, d'autres pour les femmes et les enfants. Le préfet précise en ces termes ce que doit être le régime d'internement : « Sans exclure une organisation rigoureuse et une discipline stricte, les centres d'Argelès et de Rivesaltes ne doivent présenter, à aucun moment, tant en ce qui concerne leur organisation propre que l'attitude à prendre à l'égard des

---

[34] Lettre du 15 juillet 1941, fonds documentaire MMCR.

[35] ADPO, 38W150, ministère de l'Intérieur, rapport de l'Ingénieur ordinaire chef de service, 25 juin 1941, 2 p.

[36] ADPO, 2620W24, secrétaire-général pour la police aux préfets, « organisation des camps de la Sûreté Nationale », 30 avril 1941 ; Directeur général de la Police Nationale au chef de camp de Rivesaltes, 29 décembre 1942. ADPO, 2619W2, commissaire spécial du camp de Rivesaltes au commissaire divisionnaire chargé de la surveillance générale des camps des Pyrénées-Orientales, 17 juin 1941.

[37] ADPO, 38W174, Centre d'Hébergement de Rivesaltes, « Nombre d'étrangers présents au camp », 31 mai 1941.

hébergés, un caractère répressif. Aussi les étrangers qui s'y trouvent réunis, la plupart uniquement en raison de leur indigence, ne doivent avoir l'impression d'être traitées en indésirables ». Conséquemment, il n'y a pas de fouilles des arrivants (ils sont néanmoins mis à l'écart une dizaine de jours). Deux appels ont lieu par jour, l'un à 7h30 l'autre à 18h30, effectués directement dans les baraques. Un temple, une église et une synagogue y sont installés[38]. Cette pratique cultuelle avait été prévue dès les débuts du camp, grâce à une autorisation faite au rabbin Schilli de visiter les étrangers juifs internés aux camps d'Argelès, de Rivesaltes et du Barcarès[39].

Autant que faire se peut, les hommes sont utilisés au sein des Groupements de Travailleurs Étrangers. L'administration organise même à la mairie de Rivesaltes une rencontre entre le responsable du 427e GTE et une vingtaine de chefs d'entreprise pour leur expliquer comment ils peuvent souscrire leur usage[40]. Les GTE posent néanmoins des problèmes d'ordre de par leurs allers-retours entre l'intérieur et l'extérieur. Ils permettent un contournement de la censure, les sorties dans le cadre des travaux étant mise à profit pour user des services postaux[41]. Et si ces déplacements sont utiles au maintien des infrastructures et à l'économie, ils posent des questions de sécurité. Composé de 1600 travailleurs dont 300 détachés aux exploitations forestières et 100 dans les mines, le 427e GTE connaît ainsi des désertions: entre le 25 et le 27 juillet 1944, 35 travailleurs s'évadent pour rejoindre les maquis de la Résistance[42]. Cela vaudra à certains un soutien ultérieur, ainsi quand une fois la France libérée la préfecture intervient pour que ne soit pas interné à Rivesaltes pour passage clandestin de la frontière Alexandre Sarragoza, de nationalité espagnole, car il a « rendu de nombreux services à la Résistance pendant l'occupation allemande [et qu'il] offre toutes garanties de moralité »[43]. Toutefois, l'installation de tant d'hommes sur un espace limité nécessite des infrastructures qui ne

[38] ADPO, 1287W1, lettre du préfet des Pyrénées-Orientales au chef du camp, 2 avril 1941 ; rapport préfectoral mensuel des camps, 17 février 1942, pp. 2-4.

[39] ADPO, 38W150, lettre du préfet des Pyrénées-Orientales au chef de la première division (service des étrangers), 10 mars 1941.

[40] Le Commissaire de police de Rivesaltes à l'intendant au maintien de l'ordre à Montpellier, 11 mai 1944.

[41] ADPO, 1287W1, rapport du commissaire divisionnaire de Police Spéciale Chargé de la Surveillance générale des camps dans les Pyrénées-Orientales au préfet, 26 avril 1941, p. 2.

[42] ADPO, 39W44, dossier sur les désertions.

[43] ADPO, 31W52, préfet des Pyrénées-Orientales au chef de la Première Division, 31 octobre 1945.

peuvent reposer que sur les GTE. Les camps civil et militaire nécessitent donc une main-d'œuvre qui permet d'assainir la situation du chômage sur le secteur de Rivesaltes. Elle prive certes en retour les viticulteurs d'ouvriers agricoles et de saisonniers, mais les GTE peuvent alors pourvoir aux travaux. Sur le plan du coût du travail, les entrepreneurs y sont gagnants puisqu'outre un soutien à la consommation, un membre de GTE leur coûte 10 francs par jour contre 36 francs et 2 litres de vin par jour pour un ouvrier agricole en période normale, et 44 francs et 2 litres de vin durant les vendanges[44].

Le système produit néanmoins une tension sur le « marché » des GTE, qui ne peuvent être assez nombreux pour satisfaire aux nombreuses demandes d'emploi. Pour pallier la difficulté, le préfet décide de mettre à disposition des agriculteurs les femmes et les enfants de plus de 15 ans du camp de Rivesaltes[45]. Le désir des réfugiés de s'extraire temporairement des baraquements n'est pas suffisant pour qu'ils acceptent toutes les propositions. Lorsqu'une délégation allemande réunit dans le camp les hommes du 427e GTE pour les inviter à partir travailler en zone occupée, seule une vingtaine accepte sur les 129 présents[46].

Relativement aux femmes internées, divers rapports font état d'abus sexuels de gardiens. La malnutrition qui frappe les enfants entraîne des échanges sexe contre nourriture. Des femmes se prostituent, y compris à l'extérieur, par exemple au café situé à proximité de la gare. Afin de limiter les trafics sexuels, le commandement du camp décide en janvier 1942 de regrouper les logements de tous les gardiens vivant en célibat sur une zone éloignée de celle des baraques des femmes[47]. Un poème écrit en 1944 par Miguel Gimenez Igualda, libertaire espagnol émigré à Mexico après trois ans dans les camps, évoque le camp de Rivesaltes comme un « ramassis de femmes espagnoles, pâture pour Sénégalais » (*revoltijo de mujeres hispanas para pasto de Senegaleses*)[48].

En ce qui concerne les enfants, le médecin-chef responsable au camp de Rivesaltes avait estimé que leur présence en ce lieu était « formellement contre-indiquée ». Et d'argumenter que le camp est

[44] ADPO, 53W53, rapport du commissaire de Rivesaltes, 27 septembre 1941.

[45] ADPO, 1287W2, lettre du préfet aux maires du département, 9 mai 1942.

[46] ADPO, 109W191, rapport du commissaire de Rivesaltes au préfet des Pyrénées-Orientales, 22 août 1942, p. 4.

[47] ADPO, 1287W1, chef du camp de Rivesaltes au Directeur général de la Sûreté Nationale et au préfet des Pyrénées-Orientales, 24 janvier 1942. ADPO, 138W3, rapport du commissaire de police de Rivesaltes au préfet des Pyrénées-Orientales, 11 mars 1941.

[48] Geneviève Dreyfus-Armand et Émile Temine, *Les camps sur la plage, un exil espagnol*, Paris, Autrement, 1995, pp. 64-65.

« situé sur un plateau nu et aride exposé l'été à un soleil particulièrement brûlant et à des variations atmosphériques extrêmement brutales et à un vent d'une violence considérable. [De plus, doté de baraques construites en fibro-ciment] la chaleur intolérable qui s'en suivra est susceptible de provoquer l'été des attaques meurtrières de choléra infantile. (...) La proximité de marais stagnants entraîne l'été une floraison de moustiques qui est une autre menace non moins sérieuse. [L'entassement dans les baraques est aggravé par les] nombreux toits enlevés par le vent, nombreuses vitres manquantes [et l'] absence d'égouts. WC sous forme de tinettes situées au milieu des îlots et dont la vidange même journalière ne peut se faire de façon hygiénique »[49].

À compter du 15 mai 1941, des écoles sont installées aux îlots B, K et J. Bientôt, 1 550 enfants sont encadrés dans 17 classes, dont une réservée aux enfants gitans. Le but de ce dispositif est clairement précisé par l'autorité ministérielle : « Le but recherché n'est pas tant de donner une culture française à des enfants qui, pour la plupart, quitteront notre territoire par la suite, mais bien de les empêcher de vagabonder dans le camp, et de leur faire apprendre les premiers éléments de la langue française »[50]. Sur le plan scolaire, il ne semble pas en effet que les résultats soient d'envergure. La directrice générale des écoles se plaint en octobre d'avoir en l'îlot B, 134 filles et 145 garçons répartis dans huit classes dont deux où les enseignants sont « déplorables » et où la discipline est « inconnue », tandis que deux autres ont vu leurs enseignants quitter leur poste durant le mois de juin. L'îlot K aurait lui 320 filles et 469 garçons répartis dans 18 classes dont trois sans tables ni bancs, et souffrirait d'avoir pour directeur d'école un Espagnol certes de bonne volonté mais comprenant mal le système français. Les propos tenus concernant l'îlot présentent plusieurs incohérences dans les calculs d'effectifs mais, qualitativement, l'école ne donne pas non plus satisfaction et a perdu également trois de ses bons enseignants en juin. Les effectifs décroissent rapidement puisqu'en mai 1942, ils ne s'élèvent plus qu'à 140 filles et 107 garçons, répartis sur 17 classes entre 178 en cours préparatoire, 52 en cours élémentaire et 17 en cours moyen[51].

---

[49] ADPO, 38 W 170, rapport sanitaire, 28 février 1941.

[50] ADPO, 31 W 170, lettre du secrétaire général à la Police au préfet, 9 novembre 1941.

[51] ADPO, 31 W 170, rapport de la directrice générale des écoles du camp de Rivesaltes, 7 octobre 1941 ; *idem*, mai 1942.

À partir de juillet 1941, certains nourrissons peuvent bénéficier des soins auprès de la pouponnière de Banyuls (village de la côte rocheuse situé à une cinquantaine de kilomètres). Dévolue aux soins des nouveaux-nés du camp de Rivesaltes, elle est mise en place et gérée par Elisabeth Eidenbenz, membre du Secours Suisse déjà en charge de la maternité d'Elne liée au camp d'Argelès. Malgré le fait qu'elles soient ainsi séparées de leur progéniture, les mères du camp sont très demandeuses afin de pouvoir faire bénéficier leurs enfants sous-alimentés et sous-hydratés de soins d'une toute autre qualité. Seules douze places sont disponibles. Il est parfois trop tard, quatre des huit nourrissons adressés à la pouponnière en août 1941 décèdent de leurs infections[52]. Pour le reste de la population du camp, si les soins de l'infirmerie ne sauraient être suffisants, les malades sont dirigés sur l'Hôpital Saint-Louis de Perpignan.

Les convulsions de la Seconde Guerre mondiale continuent à bousculer les individus d'un lieu à l'autre. Ainsi de ces trois frères espagnols de respectivement 24, 19 et 13 ans. Entrés en France par le Perthus en février 1939, ils ont séjourné d'abord au camp de Pithiviers (Loiret), qu'ils ont quitté en raison de l'avancée de l'armée allemande. Les voici internés ensuite à Agde, puis au camp de Rivesaltes. Cherchant à retrouver le reste de leur famille, ils y demandent et obtiennent d'être remis aux autorités allemandes afin d'être renvoyés à Pithiviers où ils espèrent retrouver d'autres membres de leur famille[53].

Certains cas témoignent de l'absurdité des temps. Par exemple, Paulette Bernasinski, née Pilard, est française et mariée à un Polonais, mère de trois enfants. Internée comme étrangère au camp du Récébédou (Haute Garonne), elle écrit à Pétain le 19 février 1941 pour faire valoir qu'elle et ses enfants sont de nationalité française et qu'ils sont « dans un camp au milieu d'étrangers de toute nationalité, moi qui suis française c'est bien triste ». Adressée au camp de Rivesaltes, elle y parvient le 28 février 1941 et fait instamment sa demande de retour au camp du Récébédou. Les directeurs des deux camps se mettent en contact pour tenter de procéder au réenvoi. En mai, elle écrit au préfet des Pyrénées-Orientales et à sa commune de naissance (Oise) pour essayer d'avoir un certificat de naissance et d'ainsi enfin prouver administrativement sa nationalité française. Mais le 17 juin, le préfet de Toulouse écrit à celui de Perpignan pour lui signaler qu'il a reçu le

[52] Tristan Castanier i Palau, *Femmes en exil, Mères des camps – Elisabeth Eidenbenz et la maternité suisse d'Elne (1939 – 1944)*, Perpignan, Trabucaire, 2008, pp. 177-181.
[53] Demande en date du 8 mai 1941, dossier dans ADPO, 109W328.

8 avril 1941 l'ordre du ministère de l'Intérieur de la libérer. La missive à Pétain avait manifestement reçu une suite positive mais le transfert entre camps et la lourdeur de la machine administrative ont bloqué l'internée. L'administration perpignanaise décide alors... de demander le transfert du mari de la Française à cette date intégré à un Groupement de Travailleurs Étrangers de Pau. Ce dernier, à son tour, décide de solliciter Pétain. Dans sa lettre du 17 juillet, il écrit: « Nous n'avons, Monsieur le Maréchal, pas lieu de nous plaindre. En plus nous sommes des hommes et nous savons brandir nos boucliers pour parer à nos petites peines et nos petites misères de la vie ». Mais il expose que sa femme est internée, malade, alors que « son père est tombé pendant la Grande-Guerre et au camp tout son entourage c'est la juiverie internationale ». Il se plaint enfin de ne plus recevoir les courriers de son épouse: « qui donc a le droit de l'empêcher de m'écrire? ». Finalement, le préfet des Pyrénées-Orientales ordonne le 11 juillet 1941 de l'envoyer à Pau, libre, pour qu'elle puisse se rapprocher de son époux...[54]

À Rivesaltes, sévissent une faim extrême et des conditions climatiques particulièrement rigoureuses : sur le plateau dominent un froid insoutenable en hiver et une chaleur intolérable en été (la combinaison chaleur-faim aboutissant à de mortelles épidémies). Le camp ne dispose que de la moitié du charbon qui lui serait nécessaire pour assurer un chauffage décent. En juin, les services sanitaires constatent que les travailleurs pèsent en moyenne une vingtaine de kilos de moins que ce qu'ils devraient relativement à leur taille, et il suffit d'une simple épidémie de diarrhée pour que sept d'entre eux meurent en une semaine. À l'automne, la ration quotidienne moyenne se situe entre 1 100 et 1 200 calories. Le manque de renouvellement de la paille qui fait office de literie rend caducs l'épouillage et la désinfection des internés. L'eau consommée est souillée par le rejet des matières fécales à proximité de l'un des deux puits d'approvisionnement, et la douche, collective, n'est assurée que tous les quinze jours. Seules les pouponnières (et les bureaux) sont chauffées. Le 31 décembre, un tiers de l'effectif est cachectique, 200 personnes risquent de mourir de façon imminente[55]. Nécessités faisant loi, un marché noir intensif s'est organisé.

La question nutritionnelle obsède les internés, comme en attestent leurs courriers retenus par la censure. « Nous vivons dans un milieu

---

[54] ADPO, 109W301/Ba-Be, dossier personnel.

[55] ADPO, 38W170, rapport du médecin-chef du camp, 28 juin 1941 ; *idem*, 7 août 1941 ; *idem*, 13 novembre 1941 ; lettre du directeur départemental du ravitaillement général au préfet, 2 mai 1942 ; rapport sanitaire, 2 juin 1942. ADPO, 53W53, *idem*, 28 octobre 1941 ; Serge Klarsfeld, *Recueil de documents, op. cit.*, p. 333.

rempli de haine contre nous, aussi bien le personnel administratif que le personnel de surveillance nous souhaite la mort par la faim. Nos rations déjà petites nous sont volées et vendues », affirme l'interné Rudolf Herschmann. Au printemps 1942, la situation est décrite en des termes tragiques : « Tu ne peux t'imaginer jusqu'à quel point nous avons faim » écrit Sophie Bloch ; « une fois nos papiers en ordre nous sortirons d'ici et de cette misère. Vous tous n'avez aucune idée de notre vie ici sinon vous auriez fait beaucoup plus pour pouvoir nous en sortir », se désespère Berta Kahn[56]. La faim est devenue l'élément structurant les masses humaines disparates qui peuplent le lieu. Selon un avocat perpignanais il y a un « marché noir inouï » mis en place par des gardiens qui revendent aux internés les denrées à un prix prohibitif. De nombreux témoignages vont dans ce sens. À l'été 1942, les frais de nutrition des internés s'élèvent à 11,5 francs[57].

Le commandement du camp n'est pas sourd à la situation, d'autant qu'il observe lui-même que « d'innombrables critiques se soulèvent au sujet de la façon dont sont alimentés les hébergés présents dans le camp ». Il convient que l'infirmerie est « peuplée actuellement de sujets en état de misère physiologique incontestable », et que l'îlot F, celui des travailleurs, est « sans conteste, le plus malheureux », avec ces hommes « qui ont souffert déjà antérieurement de privations prolongées », tout particulièrement les « Espagnols de l'Armée rouge ». En conséquence, il estime que la valeur calorique de l'alimentation des travailleurs est beaucoup trop faible et qu'il faudrait soit améliorer l'alimentation, soit diminuer le nombre d'heures de travail[58].

Ainsi, issu de l'improbable conjonction du décret du 12 novembre 1938, de l'exil de masse espagnol, de la défaite militaire française, de l'instauration du régime de Vichy et de deux phénomènes météorologiques extraordinaires, le camp de Rivesaltes est, dès l'origine, un objet indéfini, adaptable, sans autre but que d'être utilisé au gré des expérimentations administratives et des *desiderata* conjoncturels de ses autorités de tutelle. Le flou des origines du camp de Rivesaltes entraîne la complexité de la reconnaissance de son rôle dans l'histoire des républicains espagnols. Peu de réfugiés ont fait souche dans la

[56] ADPO, 1287W1, rapport mensuel du chef de camp de Rivesaltes, 31 décembre 1941, p. 8 et *idem*, 31 mai 1942, p. 8.

[57] ADPO, 134W29, lettre d'une avocat perpignanais à Paul Corazzi, premier octobre 1942; lettre de Paul Corazzi au secrétaire-général de la Préfecture des Pyrénées-Orientales, s.d.

[58] ADPO, 38W170 rapport du commandant du camp de Rivesaltes au préfet des Pyrénées-Orientales, 31 mai 1941.

commune : ils ne sont que 140 à s'y être installés au printemps 1942[59]. Dès 1945, Camille Fourquet, le président du Comité Départemental de Libération, conjure la mairie de Perpignan de ne pas réaliser près du cimetière ouest des travaux qui aboutiraient à l'ensevelissement des tombes de 984 républicains espagnols[60]. La présence des camps aura moins fait varier la démographie départementale qu'on ne l'imagine, puisque, selon un rapport des Renseignements Généraux de 1952, la présence espagnole se limite dans les Pyrénées-Orientales à 24 408 individus[61].

Dans des conditions difficiles, le camp tente de normer l'ostracisme de populations jugées indésirables. L'évolution de la Seconde Guerre mondiale mène à ce que de la réclusion il s'agisse ensuite qu'une part des internés passe à la déportation. Deux groupes sont différemment ciblés par la politique altérophobe à l'œuvre : les Gitans et les juifs.

[59] ADPO, 39W44, rapport du commissaire de police de Rivesaltes au préfet des Pyrénées-orientales, 5 avril 1942.

[60] ADPO, 13J82, lettre d'avril 1945.

[61] ADPO, 94W120, ministère de l'Intérieur, Direction générale de la Sûreté Nationale, Direction des Renseignements Généraux, 6e Section, *Les Espagnols en France*, août 1952, 159 p.

*Photographie reproduite du livre publié par les Éditions Trabucaire et les ADPO* Enllà de la pàtria*, 2011, Fonds Bohny Reiter.*

# Fixer les nomades

Dans l'imaginaire altérophobe, il y a deux grandes figures du nomadisme : les Gitans et les juifs. La politique qui en découle va les assigner à l'immobilité du camp de Rivesaltes. Pourtant, les états des effectifs internés réalisés par l'administration du camp de Rivesaltes n'usent jamais du terme de « Gitans » ou de « Tsiganes », ces catégories étant placées, dans ce camp pour étrangers, sous l'appellation de... « Français ». Cela désigne assez bien la complexité de la spécificité de la répression antigitane, et la nécessité de la saisir en la replaçant dans son long cours historique.

Les premières populations tziganes à s'installer en France le font aux débuts du XV^e^ siècle. L'amorce d'une répression étatique des nomades remonte à Louis XIV. Ce dernier mit en place une politique d'enfermement des mendiants et vagabonds dans des hôpitaux généraux qui alliait éducation chrétienne, assistance et contrôle social. Si l'un des buts déclarés était de limiter le désordre public engendré par les phénomènes de nomadisme dans la France d'Ancien Régime, les « Bohèmes » furent explicitement ciblés. Les hommes étaient condamnés aux galères, les femmes à la tonte ou au bannissement en cas de délit lié à la « vie bohémienne », les enfants adressés aux hôpitaux. Le cadre était posé qui ne varia pas : la question ethnique était liée à la question sociale du nomadisme – quoique le terme d'ethnie n'apparaisse qu'avec le raciologue Georges Vacher de Lapouge en 1896 afin de désigner « une entité intermédiaire entre la "race" (catégorie biologique) et la "nation" (catégorie historico-juridique) ». Ces populations sont parvenues en France au siècle où s'y construisait l'État. Depuis Michel Foucault, nous savons que l'un des traits essentiels de celui-ci et de son édification est le pouvoir de contrainte sur les corps : la « biopolitique » est inhérente à la construction de l'État[62]. C'est ce qui explique largement l'incapacité de l'État à admettre réellement qu'il existe des citoyens voyageurs. Au long des siècles, la société française s'est construite autour du culte des valeurs unitaires. C'est ce qui explique largement l'incapacité sociale à accepter réellement qu'il existe des citoyens voyageurs.

---

[62] Cf. Michel Foucault, *Surveiller et punir. Naissance de la prison*, Paris, Gallimard, 1975, 328 p. ; Pierre-André Taguieff, « L'Invention racialiste du Juif », in *Raisons politiques*, février-avril 2002, p. 32.

En 1895, l'État commanda un recensement général des nomades. Aboutissant à un dénombrement d'environ 25 000 individus, le processus se fit avec une forte approbation de la population qui considérait qu'il fallait surveiller les fauteurs de troubles, et avec le souci policier de découvrir le « roi des Gitans »... Le pas législatif est franchi en 1912. La République ne pouvant discriminer un groupe sur une base ethno-raciale, la loi visera la catégorie des « nomades », en partant du principe d'assimilation du nomadisme et de la communauté tzigane. Pour la première fois en France des papiers d'identité deviennent obligatoires. Cette modernité de l'État et de ses techniques biopolitiques est donc directement issue de cette volonté répressive. Les « nomades » de plus de treize ans, étrangers ou de nationalité française, sont contraints de porter sur eux, sous peine d'un mois à un an d'emprisonnement, un carnet comportant leurs empreintes digitales, leurs mesures anthropométriques, des photographies de face et de profil, leur généalogie, leurs vaccins, leurs entrées et sorties des municipalités, les délits d'identité pour lesquels ils ont été punis, etc. Par ailleurs, à ce carnet individuel s'ajoute un carnet collectif décrivant l'ensemble du groupe nomade et toute modification qui lui est apportée. Le processus, il va sans dire, est un accélérateur d'endogamie. Dans le cadre de la guerre de 1939-1940, la répression grandit. Un décret du 6 avril 1940 assigne à résidence – pouvant être un camp –, les « nomades ». La disposition est justifiée par le fait que ces individus pourraient communiquer des informations à l'ennemi quant aux positionnements des troupes. Le sous-texte est clair : le nomade est apatride, l'apatride est un traître. De cinq à six mille Tziganes furent ainsi internés dans les camps français. Si, malgré une tendance structurante à l'accommodation, la politique antisémite de Vichy rencontra globalement le désaccord de la population française (comme en témoignent en particulier les rapports préfectoraux mensuels sur « l'esprit public »), tel ne fut pas le cas concernant cette répression des Tziganes. Des travaux portant sur le Limousin tendent même à démontrer que cet axe de la politique vichyste était bien le seul à correspondre aux aspirations populaires. Les vols, la mendicité enfantine, le manque d'hygiène, exaspéraient au plus haut point une population encline à penser qu'elle-même devait supporter son lot de sacrifices et de douleurs sans pour autant user de tels expédients. Dès l'automne 1940, la politique d'internement général fut mise en œuvre par Vichy. Les nomades sont soit concentrés à l'intérieur de camps recevant d'autres types de populations, soit dans un camp qui leur est spécialement dévolu, celui de Saliers. Dans chacun de ces sites, les nomades internés furent un groupe particulièrement prompt aux tentatives d'évasion, souvent en groupes ou en familles[63].

Ce processus s'observe particulièrement bien dans cette zone historique d'implantation gitane qu'est le Roussillon, où les Tziganes s'installent à compter du XVIe siècle. Aujourd'hui encore, la composante gitane représente environ 10 % de la population perpignanaise, constituant la concentration la plus importante d'Europe occidentale[64]. Durant la Première Guerre mondiale déjà, l'armée et la préfecture avaient considéré (cf. leurs échanges) que les familles gitanes étaient toutes de potentiels agents de l'ennemi et avaient conséquemment ordonné l'expulsion de tous les nomades étrangers. Dans la zone frontalière que constituent les Pyrénées-Orientales, la question ethnique des Gitans se raccroche régulièrement à la question nationale de l'hispanité. Le Gitan se charge d'incarner l'ensemble des altérités : ethnique, nationale, sociale, culturelle. Quelques anecdotes sont, à ce titre, particulièrement révélatrices du système de représentations à l'œuvre.

Le recoupement entre la question de l'Espagnol et celle du Gitan se révèle ainsi à l'automne 1933 lorsqu'un particulier de Cabestany, village aux abords de Perpignan, prévient les autorités qu'un terrain est envahi par des Gitans espagnols qui y ont effectué un campement sauvage et pillent les demeures alentour. Après enquête de la gendarmerie, il s'avère qu'aucune effraction n'a été commise et qu'il s'agit d'une installation régulière de vendangeurs venant annuellement travailler dans les mêmes vignes[65]. En 1938, avant le décret du 12 novembre permettant l'internement des « indésirables étrangers », le maire de la commune de Ria-Sirach réclame l'expulsion des « indésirables » que sont les familles « nomades ». Après enquête, la préfecture observe que les familles sont installées depuis une cinquantaine d'années, que leurs membres sont des travailleurs réguliers, qu'ils sont de nationalité française et vivent sur leurs propres propriétés. Vichy est à peine en place qu'une pétition est adressée au préfet demandant que les Gitans soient internés en un lieu « où il serait possible d'exercer une surveillance de tous les instants ». Lorsque le dit préfet réclame des explications au commissaire de police

---

[63] Emmanuel Filhol, « La loi de 1912 sur la circulation des « nomades » (Tsiganes) en France », in *Revue européenne des migrations internationales,* vol. 23, n°2 | 2007, pp. 135-158 ; *idem*, « L'indifférence collective au sort des Tsiganes internés dans les camps français, 1940-1946 », in *Guerres mondiales et conflits contemporains*, n° 226, 2007, pp. 69-82.

[64] Inspection générale de l'Éducation Nationale, *Rapport annuel des inspections générales 2009*, La Documentation française, Paris, 2010, p. 162.

[65] ADPO, 31W744, dossier de gendarmerie, 9 novembre 1933.

de Perpignan quant à son indulgence envers les nomades ne disposant pas de leurs carnets anthropométriques, ce dernier lui adresse un pli lui expliquant qu'il s'agit de familles sédentarisées de longue date, au domicile des plus fixes…[66] Ce ne sont donc pas les Gitans perpignanais que l'on retrouve au centre de Rivesaltes. Ils ont réagi au décret d'avril 1940 les assignant à résidence en se déplaçant des bords de la Têt, la rivière à l'entrée de la ville, aux hauteurs du quartier Saint-Jacques. Il y a là une caserne désaffectée qu'ils ont faite leur. Ils se sont installés dans les logements cédés par les juifs, très présents originellement dans le quartier. Abandonnant ainsi les roulottes immobiles du bord de la rivière, ils démontraient qu'ils n'étaient pas des nomades pour échapper aux mesures coercitives[67].

D'ailleurs, à l'échelle nationale, pour les familles réellement nomades, la politique concentrationnaire est assez désordonnée. En 1942, certaines, en provenance de Lyon, sont amenées au camp de Rivesaltes, le camp accueillant déjà, après un séjour au camp d'Argelès, les « nomades » expulsés de l'Alsace et de la Moselle par les Allemands, alors que Rivesaltes avait transféré ses Gitans au camp du Barcarès en janvier 1942. Ce dernier comportait un îlot spécial à cet effet. Des transferts se poursuivent encore, ainsi trente Gitans sont envoyés du Barcarès à Saliers avec instruction de Vichy d'expliquer à leurs familles que la séparation sera de courte durée et motivée par le besoin de main-d'œuvre… Au sein du camp de Rivesaltes, la catégorie française recouvre le regroupement ethnique : en octobre 1941, si le camp compte 325 Français, tous se révèlent être des Gitans. Les familles gitanes sont concentrées sur l'îlot B puis J avec les familles juives. À l'intérieur de cet îlot de ségrégation, les enfants gitans sont regroupés au sein de classes qui leur sont spécifiquement dédiées. Lors de la liquidation du camp en novembre 1942, 61 nomades parviennent à s'évader, entraînant la fureur du ministère de l'Intérieur et la réponse penaude de la direction du lieu invoquant le caractère particulièrement indiscipliné de cette catégorie de prisonniers. Quand, à la Libération, le camp de Rivesaltes devient « Centre de Séjour Surveillé » (CSSR), essentiellement destiné aux collaborateurs, il est prévu, mais sans réalisation effective, d'y interner des nomades. Les mêmes soupçon(s) et

[66] ADPO, 31W744, préfet des Pyrénées-Orientales, ordre d'expulsion, 8 juin 1918 ; courrier du maire de Ria-Sirach au préfet des Pyrénées-Orientales 19 mai 1938 et réponse, 23 mai 1938 ; courrier du commissaire central de Perpignan au préfet des Pyrénées-Orientales, s.d., 1940 ; pétition au préfet, 6 août 1940.

[67] Alain Tarrius, *Fin de siècle incertaine à Perpignan*, Canet, Trabucaire, 1997, pp. 58-60.

amalgame(s) sous-jacents prévalent encore quand, en septembre 1945, l'État adresse aux préfets une liste des catégories suspectes, où figurent les « nomades », réclamant une enquête en cas de désir d'engagement dans l'armée de la part d'un de ses membres[68].

[68] ADPO, 38W174, Intérieur au préfet des P.O., télégramme n°09649, 30 juin 1942. ADPO, 31W6, circulaire de l'Intérieur aux préfets, 13 septembre 1945, 2 p.

La population juive du camp connaît un traitement particulier. Rapidement, ont été constitués des « Groupes Israélites homogènes », surnommés les « groupes palestiniens », au sein des Groupes de Travailleurs Étrangers. L'administration estimait toutefois qu'ils étaient d'un rendement inférieur aux GTE espagnols car « parmi les éléments espagnols hébergés dans les camps le désir de travail est beaucoup plus vif que parmi l'élément juif à quelque nationalité qu'il appartienne »[69]. À compter de la Pâque juive de 1941, les familles furent rassemblées au sein de l'îlot B, tout en conservant la différenciation sexuée des baraques, puis transfert fut fait des hommes à l'îlot K, et des femmes et enfants au J[70]. Leur concentration à l'intérieur du camp ne signifie pas encore l'impossibilité complète pour eux de s'en extraire. Au mois de juin, le camp de Rivesaltes adresse ainsi à celui des Milles 35 juifs allemands et est-européens candidats à l'émigration aux États-Unis[71]. En retour, Rivesaltes reçoit lui aussi des internés : un premier transfert de juifs du camp de Gurs vers celui de Rivesaltes a lieu le 4 juillet 1941, amorçant le processus de regroupement devant permettre l'organisation rationalisée des déportations. D'ores et déjà, le rassemblement se paye par un accroissement des difficultés matérielles, la ration quotidienne ne représentant plus que 800 calories en cet été 1941[72].

Cet été 1941 est celui du basculement de l'Europe. Le 22 juin 1941, les armées allemandes ont rompu le pacte germano-soviétique et ont ouvert le front de l'Est. Les *einsatzgruppen*, les groupes d'intervention à l'arrière du front russe, entament l'extermination des juifs et tziganes de façon empirique, quoique motivée par la propagande (c'est la fameuse « prophétie » d'Hitler, déclarant au Reichstag le 30 janvier 1939 : « Si la finance juive internationale en Europe et hors d'Europe

[69] ADPO, 1287W1, rapport du commissaire divisionnaire de Police spéciale chargé de la surveillance générale des camps dans les Pyrénées-Orientales au préfet, 26 avril 1941, p. 2.

[70] Fonds documentaire du Mémorial de Rivesaltes, lettre de Madeleine Levien (internée à Rivesaltes) à son époux, 15 mars 1942 ; ADPO, 39W44, note du commissaire principal des R.G. de Perpignan au préfet, 19 août 1942 ; Anne Boitel, *Le camp de Rivesaltes 1941-1942*, Perpignan, P.U.P.-Mare Nostrum, 2001, p. 97 ; Joël Mettay, *L'Archipel du mépris*, Perpignan, Trabucaire, 2001, p. 63.

[71] ADPO, 109W336, dossier de transfert.

[72] Frédérick Wies, « Les Juifs de Sarre sous l'emprise totalitaire », in Martine Camiade et Jordi Font (dir.), *Déplacements forcés et exils en Europe au XX^e^ siècle*, Talaia, UPVD, Perpignan, 2012, pp. 129-131.

devait parvenir encore une fois à précipiter les peuples dans une guerre mondiale, alors le résultat ne serait pas la bolchevisation du monde, donc la victoire du judaïsme ; au contraire, ce serait l'anéantissement de la race juive en Europe »). Le projet nazi n'est plus seulement de déporter les juifs hors de ses territoires, mais de les exterminer globalement. En octobre 1941, l'émigration hors d'Europe est interdite. En janvier 1942, la conférence de Wansee met en place la « Solution Finale » du « problème juif » *via* la création de camps d'extermination exterminant par gazage et approvisionnés par déportations ferroviaires. Dans ce dispositif, Rivesaltes joue un nouveau rôle.

À la mi-août 1942, l'essentiel des 653 familles de juifs allemands, polonais et russes vivant dans les Pyrénées-Orientales est domicilié soit au camp de Rivesaltes, soit sur les registres des Groupements de Travailleurs Étrangers[73]. Le 26 août 1942 à cinq heures du matin commencent les opérations de ramassage des juifs étrangers de la zone sud et leur regroupement au Centre inter-régional de Rassemblement des Israélites de Rivesaltes. Ordre est donné d'interner toute personne qui entraverait l'opération de regroupement sur le site[74]. L'établissement du camp spécial le voit passer en quelques semaines du statut de « Centre de rassemblement familial » à celui de « Centre Régional de Rassemblement des Israélites », pour finalement devenir à la fin de l'été le « Centre National de Rassemblement des Israélites », le camp rassemblant les juifs du Sud. Il est installé aux îlots J (femmes et enfants), F (hommes ; antérieurement dédié aux travailleurs) et K (réception, criblage et triage). Il est prévu pour un effectif de 10 000 internés composé de familles et une durée de 15 jours. Y sont d'abord regroupés les 1 176 juifs déjà au centre.

Il est délicat de définir le cadre local dans lequel s'instaure la nouvelle structure. En effet, les rapports sur l'opinion publique émis par le commissariat de Rivesaltes sont remplis de déclarations collaborationnistes et du désir de présenter une population toute entière acquise aux vues du Nouvel Ordre européen hormis quelques « simples d'esprits » et quelques traîtres « aux conceptions moscovites ». Néanmoins, dans ces mêmes rapports, certaines formulations laissent apparaître une réalité toute autre, parfois non sans contradiction maladroite, ainsi quand il y est affirmé (à la suite) que « les opposants à la politique de la Collaboration restent très nombreux ». Le ravitaillement difficile est mentionné, comme il se doit, comme étant la

[73] ADPO, 1260W70, recensement au 14 août 1941.

[74] ADPO, 134W29, télégramme du préfet de région au préfet, 21 août 1942.

première préoccupation de la population. Celle du maire est d'obtenir de la préfecture que des gardes mobiles protègent les vignes contre la population du camp.

L'annonce de la création du camp spécial dans ce contexte a provoqué un certain émoi qui ne relève pas forcément d'une crainte envers les internés mais à l'égard du gardiennage. En effet, les gardiens se sont déjà fait une solide réputation en matière de vols et de brutalité à l'encontre des Rivesaltais qui craignent donc l'augmentation de leur effectif[75]. Les habitants souffrent par ailleurs d'un contre-coup indirect de l'existence du camp : alors que l'approvisionnement est difficile, la présence de cet acheteur (représentant à lui seul plusieurs milliers de bouches) a induit une forte montée des prix agricoles – certes bénéfique pour une partie des producteurs, mais pénalisante pour de nombreux consommateurs. Le camp absorbe également à lui seul la moitié du stock de poissons présent sur le marché[76].

La transformation du site accentue l'importance du rôle des organisations caritatives qui y officient. C'est uniquement grâce à elles que les internés bénéficient d'espadrilles et de chaussures, même usagées. La *Young Men Christian Association* est installée dans deux baraques et demie de l'îlot J et deux de l'îlot K, avec foyer, centre pour enfants, salle de spectacles, et, épisodiquement, des séances de cinéma. Cette offre de loisirs, d'abord en direction des Polonais puis de l'ensemble des internés, ne déplaît pas à la direction du camp qui sait y trouver son avantage. La Cimade, qui s'installe de manière pérenne à partir du 30 juin 1941, fonctionne en binôme avec les YMCA[77]. Le Service Social des Étrangers occupe une demi-baraque à l'îlot K, et place des familles de travailleurs étrangers dans ses colonies. Le Secours Suisse, qui œuvre en direction des enfants et s'occupe de ravitaillement, dispose de deux baraques et demie à l'îlot J et d'une à l'îlot K, offrant foyer et réfectoire. L'Union Générale des Israélites de France envoie des enfants dans ses colonies, s'occupe de ravitaillement dans sa baraque de l'îlot J, à l'îlot K consacre une demi-baraque à la distribution de vêtements, tandis qu'une entière y sert de dortoir et de foyer des jeunes. L'*Organisation for Rehabilitation and Training* propose dans sa demi-

---

[75] ADPO, 109W191, rapport du commissaire de Rivesaltes au préfet des Pyrénées-Orientales, 22 août 1942, 10 p.

[76] ADPO, 31W, rapport du commissaire de Rivesaltes au préfet des Pyrénées-Orientales, 27 janvier 1942, p. 8. ; *idem*, 26 mars 1942, p. 9.

[77] Anne Boitel, « Agir, témoigner, résister, au sein d'un camp d'internement français l'action de la Cimade au camp de Rivesaltes entre 1941 et 1942 », in *La Cimade et l'accueil des réfugiés*, Nanterre, Presses universitaires de Paris ouest, 2013, pp. 83-98.

baraque un service de réparation des chaussures et vêtements. Enfin, les *Quakers* collaborent avec le Secours Suisse et placent des enfants dans leurs colonies[78].

Les rapports des organisations de secours avec les services du camp sont complexes, mais leur permettent de démultiplier les sorties du camp. Elles peuvent employer les internés et, par là même, essayer de les protéger contre la déportation – ainsi l'infirmière Friedel Reiter présente-elle la liste des sept internés qui assistent l'activité de la Croix-Rouge[79]. Non seulement, elles gèrent les baraques des cachectiques mais, au moment des chaleurs de l'été, elles s'occupent des enfants. Le médecin-chef du camp en vient à cet aveu: « Nous avons fait l'impossible pour que les Œuvres acceptent de placer en colonie nos enfants de moins de un an »[80]. Aussi, pour le 2 septembre 1942, les autorités finissent-elles par battre le rappel des 175 enfants alors placés dans des colonies et centres d'accueil, « afin de ne pas séparer parents et enfants ». Pourtant, deux semaines après, il reste encore seize enfants dans les colonies roussillonnaises des *Quakers*[81].

Le flux de population qui parvient au camp de Rivesaltes n'est pas fait que de convois, y entrent aussi des individus isolés. C'est, par exemple, l'histoire de Joseph Szotack, un juif polonais. Lors d'un contrôle d'identité à Perpignan, les gendarmes se rendent compte que ses papiers sont falsifiés et l'arrêtent. Ayant émigré en Belgique pour y travailler, il a fui jusqu'à Marseille lors de l'invasion allemande de son pays d'accueil. Ne voulant pas être déporté en Allemagne, il s'est mis en quête de faux papiers que lui a procuré un ami dont il refuse de donner le nom. Pour assurer sa cavale, il est parti avec ce qui lui restait d'économies de son travail en Belgique. Il est interné à Rivesaltes. Il ne figure pas dans la liste des déportés. Grâce à internet, il est possible de retrouver sa trace après guerre à Philadelphie (Pennsylvanie) où il a fondé une famille[82].

---

[78] ADPO, 38W170, note du secrétaire-général du camp au préfet, 6 février 1942; bilan annuel du chef du centre d'hébergement au préfet inspecteur général des camps, 11 octobre 1942.

[79] ADPO, 134W29, lettre au préfet, 2 septembre 1942. Elle a été désignée Juste parmi les nations en 1990.

[80] ADPO, 38W170, rapport sanitaire, 18 juin 1942.

[81] ADPO, 134W31, « État des enfants du camp de Rivesaltes dans les colonies », 27 août 1942. ADPO, 134W29, note de l'Intérieur aux préfets, 31 août 1942; note de la direction de la police du territoire et des étrangers, 17 septembre 1942.

[82] ADPO, 15J1, gendarmerie de Perpignan, procès-verbal d'audition, 14 octobre 1942.

La situation matérielle terrible des internés donne toute leur importance aux actions en leur faveur. Le 8 août 1942, le préfet nomme Paul Corazzi chargé de mission en poste au camp. Sa mission court jusqu'au 16 septembre et il représente l'autorité préfectorale sur les lieux. Son rôle au sein des commissions de criblage, cherchant à soustraire des internés à la déportation, a valu à cet ex-militant des Croix de Feu d'être distingué comme Juste parmi les nations en 1993[83]. D'autres interventions permettent des sorties. La Fédération des Amicales des Anciens Engagés Volontaires Étrangers écrit au préfet pour le prier de faire libérer un hongrois antinazi nommé Ujhély « inscrit sur la liste des personnes à diriger vers une destination inconnue », lui certifiant qu'il ne pourra qu'être tué par les Allemands. L'homme est libéré[84].

Nonobstant ces rares cas, le système concentration-déportation fonctionne. Les convois pour Drancy – et, de là, vers Auschwitz – partent le 11 août (400 personnes), le 23 août (175), le 1er septembre (173), le 4 septembre (621), le 14 septembre (594), le 21 septembre (72), le 28 septembre (70), le 5 octobre (101) et le 20 octobre (107)[85]. Si, jusque-là, le courrier censuré des internés évoquait surtout des problèmes liés à la faim, il révèle désormais l'importance accordée à ces transferts. Les internés expliquent à leurs proches leur situation et tentent parfois d'apaiser leur anxiété : « 70 à 80 % des juifs ont été transportés, les uns disent en Tchécoslovaquie, les autres en Pologne, personne ne sait au juste », raconte Alexandre Lévy ; « mon cher enfant, je dois te dire que je pars avec un convoi où je ne sais pas » explique Rosenweig ; « il se peut que je change de résidence et même d'entreprendre un voyage un peu long, si vous n'avez pas de mes nouvelles vous saurez que je suis parti », expose Polak[86].

Les femmes et les enfants (ces derniers étant absents des deux premiers convois) sont transportés dans des wagons de voyageurs, les hommes dans des wagons à bestiaux pourvus chacun de paille, d'une

---

83 ADPO, 134W29, le secrétaire-général de la préfecture des Pyrénées-Orientales, ordre de mission de Paul Corazzi, 8 août 1942.

84 ADPO, 134W29, Fédération des Amicales des Anciens Engagés Volontaires Étrangers au préfet des Pyrénées-Orientales, 4 septembre 1939.

85 ADPO, 134W31 et 153J1. Ce sont là les données quantitatives qui apparaissent dans les documents listant les identités des internés inclus à chaque convoi. La direction du camp, dans son bilan d'activités, communique des chiffres différents pour trois convois : 434 personnes pour le premier (plus 8,5 %), 82 pour le second (moins 53,1 %), 624 pour le quatrième (plus 0,48 %). Originellement le convoi du 4 septembre devait contenir entre 800 et 1 000 personnes, celui du 14 septembre 650.

86 ADPO, 1287W1, rapport mensuel du chef de camp de Rivesaltes, 31 août 1942, p. 24. Les prénoms des deux derniers auteurs de courriers ne sont pas donnés par le document.

lanterne, d'un seau contenant de l'eau potable et d'un seau hygiénique. La faible et mauvaise alimentation dans le camp puis durant le transport provoque des dysenteries. La ration individuelle ne représente que la moitié de celle des gardiens qui les escortent. Faisant le bilan, le secrétaire général de la préfecture conclut: « Nous pûmes constater beaucoup de résignation, et même de dignité. Peu de tentatives de suicide ou d'évasion ont été portées à notre connaissance. (...) Mais l'opinion publique, même chez les partisans les plus convaincus de la Collaboration, s'est émue et son émotion est loin d'être calmée »[87].

Cette réprobation est également ressentie par le service des Renseignements Généraux, qui certifie: « les mesures prises contre les juifs en zone libre font l'objet de commentaires discrets, mais en général de désapprobation. Le cas de certains, engagés volontaires pendant la guerre, parfois décorés, appelés à subir le même sort que leurs coreligionnaires avérés nocifs pour le pays, est plus ouvertement discuté. Les mesures prises entraînant la séparation des membres d'une même famille, des mères et des enfants notamment, blessent les Français dans leur plus profond sentiment d'humanitarisme »[88].

Le camp subit par ailleurs les contrecoups des opérations militaires en Méditerranée. En juin 1941, le débarquement allié en Syrie met fin au contrôle de cette zone par les troupes vichystes. Une partie d'entre elles est repliée au mois d'août sur Rivesaltes[89]. En novembre 1942, les Alliés débarquent en Afrique du Nord. Conséquemment, l'armée allemande envahit la « zone libre » de la métropole. Pour Vichy, le destin du camp de Rivesaltes est dès lors d'être détruit. Cependant, les troupes allemandes s'installent au camp Joffre, auquel demeurent toutefois dans le même temps les troupes malgaches de l'armée française. Le camp d'aviation de la Llabanère, situé à un jet de pierre du camp Joffre, est l'objet de tensions particulières. Les officiers français remettent tout d'abord leur démission collective à leurs homologues allemands. Ceux-ci leur répondent qu'il n'est pas nécessaire qu'ils soient sous leurs ordres et qu'ils doivent rejoindre leurs compatriotes

---

[87] ADPO, 134W29, lettre de Corazzi au chef du camp, 10 septembre 1942; consigne adressée par Vichy au préfet, 22 août 1942; « Rapport sur l'activité du camp de Rivesaltes en tant que camp national de regroupement des Israélites étrangers », 25 septembre 1942. La commission de criblage est présidée par Jean Latscha, secrétaire-général de la préfecture, résistant nommé préfet à la Libération.

[88] ADPO, 31W87, rapport du commissaire principal des Renseignements Généraux de Perpignan au commissaire divisionnaire Renseignements Généraux de Montpellier, 7 décembre 1942, p. 2.

[89] ADPO, 53W53, rapport du commissaire de Rivesaltes au préfet des Pyrénées-Orientales, 28 août 1941.

de la base toulonnaise. Cependant, craignant qu'ils ne rejoignent les Alliés une fois en vol, leurs avions sont envoyés à Toulon par voie terrestre. En sondant les officiers allemands, les Français sont, quant à eux, convaincus qu'ils ont déjà choisi de se rendre sans combattre en cas d'intervention alliée[90].

La tension n'épargne nullement les civils. Pour fuir les soldats du Reich, de nombreux juifs internés à l'îlot K s'évadent. Les Roussillonnais s'inquiètent, mais sont rassurés de voir que les troupes à demeure n'ont pas hissé de drapeaux à croix gammée. Une rumeur court parmi la population départementale : les troupes d'opération présentes (terme officiel pour ne pas dire « troupes d'occupation ») vont encore être renforcées car Hitler s'apprêterait à envahir l'Espagne. Selon un rapport de police, le bruit aurait entraîné un changement d'attitude des réfugiés espagnols qui auraient « déjà pris toutes les mesures nécessaires pour passer en Espagne, préférant être emprisonnés dans leur pays que d'être internés dans des camps de concentration dépendant de l'autorité allemande »[91]. La population locale s'accommode plus ou moins bien de la présence allemande. Le commissaire de police note ainsi : « Un certain nombre de personnes, étrangers, garçons de café, sportifs, commerçants, jeunes filles, femmes mariées, ont été remarquées comme ayant des relations soit avec les militaires allemands, soit avec les fonctionnaires de la Gestapo, qui commencent à être connus. Ces relations qui sont plus ou moins discrètes suivant le cas, sont notées et répétées et l'on parle de représailles pour le jour où les Allemands auront quitté la région ». On peut noter que la formule n'est pas au conditionnel mais au futur, comme un fait non advenu certes mais néanmoins acquis... Mais, selon la même source « d'une façon générale, les rapports avec les Troupes d'Opérations sont corrects et sans trop de heurts. Une antipathie intérieure et difficilement contenue est à remarquer néanmoins. (...) Il y a lieu toutefois de noter que les Troupes Allemandes d'Opérations savent, par leur correction et les moyens alimentaires dont elles disposent, attirer à eux la sympathie de quelques personnes et notamment dans les régions de Rivesaltes et de Salses ». Des Rivesaltais sont réquisitionnés pour réaliser quelques travaux, cependant, dans la vie quotidienne des gens, le problème majeur est que la présence militaire allemande engendre de sérieuses

[90] ADPO, 53W66, rapport du commissaire de police de Rivesaltes au préfet des Pyrénées-Orientales, 13 octobre 1943 ; ADPO, 31W87, Renseignements Généraux, « Rivesaltes », 17 novembre 1942, 2 p.
[91] ADPO, 31W87, rapport du commissaire principal des Renseignements Généraux de Perpignan au commissaire divisionnaire Renseignements.

tensions économiques, provoquant la raréfaction des marchandises et l'explosion du marché noir[92].

L'armée allemande accueille par ailleurs d'autres troupes. Ce sont d'abord les alliés italiens. Le régime mussolinien s'était écroulé sur lui-même, mais à l'automne 1943 le III<sup>e</sup> Reich replace Benito Mussolini aux commandes d'un État fantoche sous emprise germanique. C'est aux débuts de ce processus que sont arrivés au camp de Rivesaltes « 1 300 soldats italiens à qui les Autorités Allemandes ont posé les conditions suivantes : ou se battre aux côtés des Troupes Allemandes, ce qu'ont refusé les Italiens, ou travailler pour le compte de l'Allemagne », narre le commissaire de police rivesaltais. La suite de son récit témoigne d'un climat de débâcle et de méfiance : « Les Italiens ont alors accepté de travailler pour le compte de l'Allemagne mais seulement sur le territoire français. 650 soldats italiens ont déjà été dirigés sur Bordeaux, mais au préalable les Autorités Allemandes leur ont retiré tous les équipements militaires dont ils étaient porteurs »[93].

Ce sont ensuite des Russes blancs en transit qui arrivent au camp. C'est un groupe compris entre 1 200 et 1 500 personnes, dont seulement une dizaine de femmes, qui est accueilli le 24 octobre 1943. La « production viticole » déjà amplement appréciée par les unités allemandes génère de vives tensions : Russes et Allemands ivres se livrent à une bagarre générale dans le village. Le climat est malsain tant tous ces soldats désœuvrés sur-consomment d'alcool[94], comme en témoigne assez bien ce récit :

« *Les douze à quinze cents Russes blancs [du camp Joffre] ne se comportent pas comme les soldats des troupes d'occupation. Mal nourris, paraît-il, ils envahissent les deux seuls restaurants de la ville. En outre, ils s'adonnent immodérément à la boisson, et deviennent à ce moment-là turbulents et méchants, dans la rue comme dans les établissements publics. Différents accidents se sont produits, soit dans les cafés, soit dans les restaurants, vite arrangés par l'intervention*

[92] ADPO, 31W87, le commissaire de police de Rivesaltes au commissaire divisionnaire RG de Montpellier, 19 septembre 1943 ; *idem*, 9 janvier 1943, p. 2 ; ADPO 31W7, le commissaire de police de Rivesaltes au procureur de l'État Français à Perpignan, 9 février 1943, 2 p. ; *idem*, le maire de Rivesaltes au préfet des Pyrénées-Orientales, 29 avril 1943, 4 p. ; ADPO 133EDT181, le maire de Rivesaltes au préfet des Pyrénées-Orientales, 8 avril 1944.

[93] ADPO, 31W87, le commissaire de police de Rivesaltes au commissaire divisionnaire RG de Montpellier, 10 octobre 1943, p. 2.

[94] ADPO, 53W66 le commissaire de police de Rivesaltes au préfet des Pyrénées-Orientales, 8 novembre 1943.

*d'officiers allemands. Dimanche ou lundi, quelques Russes blancs se sont présentés au Mas Pachot, aux limites du camp, auraient chassés les propriétaires y habitant, et se seraient installés à leur place, auraient tué une oie et bu du vin à profusion. Les Allemands, entre-temps avisés, auraient dépêché un détachement de leurs hommes, pour expulser ces Russes blancs. Cette expulsion aurait été très mouvementée. À la suite de cet incident, quatre ou cinq Russes blancs ayant participé à ce méfait au Mas Pachot, auraient été passés par les armes, et tout le camp russe consigné ce jour-là* »[95].

La troupe russe repart le 13 novembre en direction de l'Italie, non sans avoir volé des réserves de vin pour le trajet. Une seconde unité russe blanche d'une centaine d'hommes s'installe le 4 janvier 1944[96]. Conséquence de l'occupation allemande du camp Joffre, le centre d'hébergement est liquidé le 25 novembre 1942 et le camp de Gurs remplace celui de Rivesaltes comme centre de rassemblement des juifs de la zone sud.

À cette date, le camp de Rivesaltes comptait 277 membres du personnel. Le camp général comprenait 1 377 internés (631 Espagnols, 360 Français, 112 Polonais, 65 Allemands; les autres groupes nationaux ne se comptent que par poignées) et la zone de triage de l'îlot K, 1 094 personnes. Leur devenir immédiat se répartit comme suit: 1 731 transferts vers Gurs, Saliers (pour les Gitans) et Le Vernet; 402 incorporations aux GTE; 169 évasions (dont six personnes reprises le 26 et envoyées à Gurs); 81 libérations de l'îlot K; 42 libérations du camp général; 37 hospitalisations; deux décès; un « disparu »[97].

[95] ADPO, 38W71, le commissaire de police de Rivesaltes au commissaire principal chef du service RG de Perpignan, 4 novembre 1943.
[96] ADPO, 31W87, le commissaire de police de Rivesaltes au commissaire principal chef du service RG de Perpignan, 15 novembre 1943; ADPO, 31W78, le commissaire de police de Rivesaltes au préfet des Pyrénées-Orientales, 5 janvier 1944.
[97] ADPO, 38W174, états d'effectifs; ADPO, 2620W24, note du commandement du camp au préfet, 15 novembre 1942.

## Bilans des internements vichystes

Durant deux années, 1941-1942, le camp de Rivesaltes a interné environ 21 000 individus, dont environ 5 714 au camp spécial ; 2 313 ont rejoint Drancy, 2 251 ont été exclus par la commission de criblage[98]. Au moins 215 internés sont décédés à l'intérieur du camp, dont 51 âgés d'1 an ou moins. Au cimetière de Rivesaltes, restent 212 tombes d'internés décédés durant leur séjour[99].

En 1941 décèdent : en février, un Espagnol de 44 ans et une fille d'1 an ; en mars, un garçon polonais de 2 mois, une Allemande de 105 ans, un Espagnol de 53 ans, une enfant française de 2 mois ; en avril, un Espagnol de 46 ans, un Allemand de 74 ans, un Espagnol de 47 ans et un autre de 66 ans, un Allemand de 58 ans et un de 62 ans ; un Français de 68 ans et une Française de 71 ans, ; en mai : une enfant allemande d'1 an, deux français d'1 an ; une Allemande de 9 ans ; un Français d'1 an ; une Française de 2 mois et une de 6 mois ; en juin : un Hollandais de 50 ans ; une enfant de 5 mois née à la maternité d'Elne, une Française de 5 mois, un Français de 4 mois, un Espagnol de 50 ans et un autre de 53 ans, une Allemande de 83 ans, un Allemand de 54 ans ; en juillet : un Espagnol de 50 ans, une fille espagnole née au camp d'Argelès il y a 4 mois, une autre qui y est née il y a 6 mois, une allemande qui y naquit il y a 3 mois, deux Allemands de 74 ans, un de 72 ans, un de 64 ans, un de 61 ans, un de 46 ans et un de 59 ans, un Polonais de 56 ans et un autre de 15 ans, une Française de 14 ans, une Anglaise de 10 mois, un enfant de 2 mois né au camp d'Argelès, deux enfants espagnols de 9 mois qui y sont également nés, un Français d'1 an et une Française de 52 ans, une Espagnole de 6 mois et une autre de 5 mois, un garçon espagnol de 4 mois, une Allemande de 50 ans, un Roumain de 45 ans, un Luxembourgeois de 56 ans, un Italien de 64 ans, un Mosellan de 43 ans, un Perpignanais de 5 mois, une Espagnole d'1 an née au camp de Bram, une Espagnole de 60 ans et une autre de 5 mois ; une Allemande de 10 mois ; un Espagnol de 56 ans et un de 52 ans, un enfant espagnol de 6 mois, un de 3 mois et un de 2 mois qui sont nés à la maternité d'Elne, une enfant espagnole de 6 mois ; en août meurent trois enfants nés à Elne, d'1 mois pour l'un de 5 pour les deux autres, une Espagnole de 4 mois née au camp d'Argelès, une d'1 an et

[98] Anne Boitel, *op. cit.*, pp. 217-266.

[99] ADPO, 38 W 66, note du préfet à la DGSN, 8 août 1946 ; ADPO, 133EDT59, livre de décès de l'État civil de la commune de Rivesaltes.

une de 4 ans, un Espagnol de 39 ans, un Français de 5 mois et un de 42 ans, un enfant de 11 mois et un d'1 an et demi, une Française de 11 mois et une de 66 ans ; quatre Allemands de respectivement 57, 61, 70 et 74 ans ; en septembre : quatre Allemands de 76, 62, 56 ans et 54 ans, un Espagnol de 3 ans et un de 66 ans, une Allemande de 68 ans et une autre de 37 ans, une Espagnole de 2 ans, une Française d'1 an et demi, une enfant de 2 mois née à l'intérieur du camp de Rivesaltes, un garçon de 3 mois, et un Français de 56 ans ; en octobre : un Espagnol, 48 ans, et un de 17 ans, un Allemand de 39 ans, un autre de 49 ans, un dernier de 63 ans, et une Allemande de 64 ans ; en novembre : un Français de 11 mois, un de 49 ans, un de 69 ans et un de 77 ans, une Allemande de 79 ans et une autre de 52 ans, une Espagnole de 31 ans ; trois Espagnols de 43 ans, 25 ans et 10 mois, et un tirailleur malgache de 23 ans ; en décembre : une Polonaise de 76 ans, des Français de respectivement 67 ans, 56 ans, 70 ans, 69 ans, 72 ans et 71 ans, une Allemande de 72 ans, un Allemand de 68 ans, un Allemand de 52 ans, un Allemand de 67 ans et une Allemande de 67 ans, trois Allemands de 69 ans, un Allemand de 66 ans, un Espagnol d'1 an, une Espagnole de 48 ans, un Allemand de 82 ans, une Allemande de 76 ans et un Allemand de 76 ans, un Allemand de 60 ans, un Russe de 46 ans.

Vient l'année 1942, tournant de la guerre devenue totale. En janvier, décèdent : 8 Allemands dont l'un de 71 ans, deux de 53 ans, un de 72 ans, deux de 61 ans, un de 45 ans, un de 68 ans, un Français de 34 ans, une Allemande de 72 ans et une de 63 ans, deux Espagnols de 52 ans et un troisième de 63 ans, trois Russes de 63, 41 ans et 21 ans, un Polonais de 57 ans et un autre de 31 ans. En février décèdent : une Espagnole de 4 ans, un Allemand de 72 ans, un Russe de 41 ans ; deux Allemands de 64 ans, un Espagnol de 49 ans et un de 65 ans, un Espagnol et un Allemand de 69 ans, 7 Allemands de respectivement 42, 68, 54, 56, 58, 67 et 61 ans, un Français d'1 an et une Belge de 10 ans. En mars, meurent : un Espagnol de 68 ans, deux Espagnols de 58 ans, un âgé de 57 ans, un autre de 49 ans et l'un de 9 ans, une Espagnole de 63 ans, une de 45 ans, une née à Elne et âgée de 17 mois, une Allemande de 88 ans, une de 74 ans, deux Allemands, l'un de 55 ans et l'autre de 57, et un Russe de 46 ans. En avril, ce sont un Espagnol de 56 ans, un autre de 44 ans et une Allemande de 75 ans. En mai, un Espagnol de 55 ans, une Espagnole de 73 ans et un Polonais de 50 ans périssent. En juin, disparaît un Russe de 58 ans, tandis qu'en juillet c'est un Espagnol de 22 ans. En août, succombent des enfants : une Espagnole de 2 ans, des Françaises de 5, 6, 10 mois et d'1 seul, ainsi qu'une mort-née. À l'automne décèdent : en septembre, une Polonaise, de 62 ans, un

Français de 10 mois, un Espagnol de 62 ans ; en octobre, un Allemand de 19 ans et un de 76 ans, un Polonais de 54 ans, un Espagnol de 67 ans, une Polonaise de 55 ans ; en novembre, une Française née dans le camp, de 7 mois. Le 21 du mois meurt un Polonais de 40 ans. Le 30, c'est un Espagnol de 16 ans. Sont enregistrés 215 morts dont 51 enfants d'un an et moins, et 57 Espagnols.

Pour la presse d'Action Française, « les enterrements de Juifs qui ont lieu au cimetière de Rivesaltes donnent trop l'occasion aux parents et amis qui suivent le cortège de quitter le camp et de faire un tour en ville… En un mot, les Juifs, au camp Joffre, font figure de privilégiés. En ce temps de restrictions générales, il serait indiqué de les faire rentrer sous la règle commune »[100].

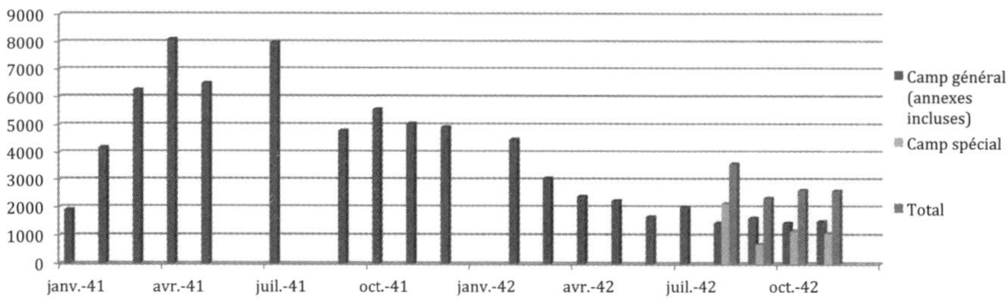


Effectifs des internés au camp de Rivesaltes, 1941-1942[101]

La décrue progressive des effectifs est manifeste. Elle s'explique par de nombreux facteurs : transferts vers d'autres camps, autorisations d'émigration, évasions, libérations, et action des œuvres de secours, qui font tout leur possible pour faire sortir les « hébergés ». En ce mois de janvier 1944, Vichy imaginait encore pouvoir réutiliser les îlots Q et J pour un éventuel « internement massif », faisant perdurer la logique propre de ce lieu alliant une forte improvisation, certes typique des camps d'alors – mais atteignant ici un niveau particulièrement élevé –, à une volonté permanente de la direction locale d'assurer vaille que vaille la normalisation du chaos[102]. L'écrasement n'a pas l'heur de faire reculer la mentalité obsidionale des partisans du régime, bien au

[100] *Le Roussillon*, 13 septembre 1941, article aimablement signalé par Aymat Catafau.

[101] Sources : ADPO, 13J83 ; 1287W1 et 2620W24.

[102] ADPO, 38W66, lettre du secrétaire général au maintien de l'ordre au préfet des Pyrénées-Orientales, 15 janvier 1944.

contraire. Le jour même du débarquement allié, le 6 juin 1944, une note administrative affirme l'impérieuse nécessité de reconcentrer les Espagnols dans les camps des Pyrénées-Orientales, car « n'ayant abdiqué aucune de leurs idées, ils sont capables d'adhérer ou de se rallier à un mouvement révolutionnaire quel qu'il soit, et constituent un véritable danger qu'on doit écarter »[103].

[103] ADPO, 39W85, lettre de l'intendant du maintien de l'ordre au préfet régional de Montpellier, 6 juin 1944.

## Le camp de la Libération

L'armée allemande quitte Rivesaltes le 19 août 1944.

En France, la Libération s'accompagne de « l'Épuration », dont l'internement est l'une des formes. Selon le bilan qu'en a établi Henry Rousso, l'Épuration se répartit entre une forme extra-légale – avec des exécutions sommaires qui commencent avant la Libération pour un total de 8 à 9 000 exécutions dont 1 000 à 2 000 alors que l'Épuration légale se mettait en place –, et une forme légale avec 29 000 détenus en 1946. À cette date tous ceux pour qui une décision de justice va être rendue ont leur dossier traité. Environ 350 000 enquêtes sont menées, 60 % de ces dossiers étant classés sans suite par les magistrats. Sur les 124 613 jugements prononcés, 76.5 % aboutissent à des condamnations. Environ 1 600 sentences de mort sont exécutées. 44 000 condamnations à des peines de prison sont prononcées, ainsi que 50 000 personnes condamnées à la dégradation nationale. Comparativement aux autres pays européens, la France allie donc un fort taux d'exécutions, et un faible taux d'internement[104].

Après la Libération, les arrestations dans les Pyrénées-Orientales représentèrent le triple de ce qui avait été prévu par les réseaux locaux de Résistance (un millier dans les premiers jours contre 300 prévus ; 1 807 au total, plus de la moitié de l'effectif ayant été rapidement libérée). Le collaborationnisme n'avait guère séduit : l'administration déplorait ainsi à l'été 1943 que sur les 5 100 Rivesaltais on ne compte qu'un seul milicien, et, pour l'ensemble du département, les mouvements de la collaboration avaient placé 1 134 cartes selon Jean Larrieu. Pour Camille Fourquet, le président du Comité Départemental de Libération (CDL), « ces policiers improvisés appréhendèrent – sur de simples racontars – quand ce ne fut pas sans le moindre motif – des personnes que l'on n'aurait pas dû inquiéter et qui restèrent cependant détenues un certain temps »[105]. Le défi est d'instaurer une Épuration légale

[104] Henry Rousso, *Vichy l'événement, la mémoire, l'histoire*, Paris, Gallimard, 2001, pp. 491-546.

[105] ADPO, 13J84, rapport du préfet, « Statistique de la répression administrative de la collaboration avec l'ennemi et des activités anti-nationales », 31 août 1945, p. 3 ; ADPO, 31W87, Renseignements Généraux, note sur Rivesaltes, 5 août 1943 ; ADPO, 31W16, Camille Fourquet, président du Comité Départemental de Libération, synthèse réalisée pour le Comité d'Histoire de la Deuxième Guerre mondiale, p. 2 ; Jean Larrieu, *Vichy, l'Occupation nazie et la Résistance catalane*, vol. 1, Montpellier, *Terra Nostra*, n°89-90, août 1994, p. 372.

quand le climat est d'une extrême tension et d'un désordre certain. Les principaux cadres collaborationnistes locaux passent en Espagne et sont jugés par contumace. Ainsi René Tesseyre, chef départemental de la Milice ayant embrassé la cause nazie, est-il condamné à mort. Il se rend en 1955 et sa peine est commuée en cinq ans de travaux forcés et la confiscation de biens. Dans l'immédiate Libération, 15 exécutions extra-légales et 16 légales sont opérées. Camille Fourquet précise que « les deux premières exécutions, effectuées dans les fossés extérieurs de la citadelle, donnèrent lieu à une scène scandaleuse : deux femmes qui se trouvaient au nombre des gens présents, prises soudain d'une crise d'hystérie, forcèrent le service d'ordre sitôt après la salve et coururent comme des folles tremper leur mouchoir dans le sang des suppliciés ». Décision fut prise de ne plus procéder publiquement aux exécutions[106].

Les épurés sont dirigés sur la Citadelle de Perpignan, lieu d'internement antérieurement tenu par la Gestapo qui y était assistée par la Milice. Le Comité Départemental de Libération (CDL) réclame le 23 août, soit quatre jours après la libération du Roussillon, que les internés épurés soient rassemblés dans les îlots O et Q du camp de Rivesaltes. Il est vrai que le camp de Drancy a ainsi été réutilisé. Le 9 septembre, le CDL demande à la Citadelle de transférer à Rivesaltes 300 hommes et 100 femmes choisis parmi les « suspects légers »[107].

Tandis que la partie militaire du camp Joffre reprend sa vocation initiale, le 12 septembre 1944, le Centre de Séjour Surveillé de Rivesaltes (CSSR) est mis en service. Concentrant sur l'îlot Q les personnes internées dans le cadre de l'Épuration, ce nouveau camp dispose d'une superficie de 14 hectares, avec un périmètre de 1 500 mètres, de 39 baraques dont 27 pour les internés avec une capacité de 30 à 40 personnes par baraque – soit une capacité maximum de 1 080 internés. Il jouit réglementairement des îlots D, F et K, soit une contenance de 5 100 places utilisées par exemple pour 400 réfugiés ukrainiens en janvier 1945. Les épurés sont donc concentrés dans l'îlot Q, car cette ancienne zone de commandement a bénéficié de transformations utiles dès le début de l'existence du camp. L'armée a repris les îlots E, J et B le 11 décembre 1944[108]. Les huit baraques des femmes sont entourées d'une clôture de barbelés. Absence de plafonds, grande sensibilité

---

106 ADPO, 13J84, Camille Fourquet, synthèse sur l'Épuration dans les Pyrénées-Orientales à destination du Comité d'Histoire de la Deuxième Guerre mondiale, p. 3.

107 ADPO, 26W13, le Président du CDL, 9 septembre 1944.

108 ADPO, 31W20 rapport du gestionnaire du Centre de Séjour Surveillé de Rivesaltes, 26 décembre 1944. ADPO, 31W52 note au préfet des Pyrénées-Orientales, 29 novembre 1944.

aux températures extrêmes : début 1945, le préfet juge ces bâtiments « lamentables »[109]. Chez beaucoup de femmes, la disparition des menstruations témoigne d'un état sanitaire préoccupant[110].

Au camp de Rivesaltes est envoyé le « menu fretin », afin qu'il y soit soumis « à un régime moins sévère ». L'analyse des dossiers des épurés internés montre que la règle a été appliquée – nombre d'entre eux profitent d'ailleurs de leur participation réduite à la Collaboration pour s'affirmer résistants de l'ombre... Le camp de Rivesaltes sert donc à interner les « lampistes » de la Collaboration. Si, après examen de leurs cas au camp de Rivesaltes, le dossier politique de l'interné s'avère plus consistant que prévu, il est re-dirigé vers la Citadelle. Le tri entre les divers niveaux d'implication dans la Collaboration est une tâche qui nécessite enquêtes et témoignages. Les proches des arrêtés adressent ainsi des courriers aux autorités, comme cette femme de Pézilla-la-Rivière qui intervient auprès du commandant de la Citadelle pour son époux enfermé : « Bien vrai il était à la Milice mais il croyait que c'était une bonne société et pour le relèvement de la France mais on l'a trompé, Il n'a jamais touché un sou, jamais touché d'armes, et jamais touché d'habits (sic) ». Comme cet italien, cordonnier à Perpignan, qui est arrêté à Béziers et interné à Rivesaltes au motif qu'il eût bruyamment affiché son fascisme, et s'en défend en affirmant aux gendarmes qu'il s'agit de fausses allégations et qu'il est « tout simplement victime de la méchanceté des gens de la localité ». Les archives des rapports de gendarmerie sont remplies de procès-verbaux d'interrogatoires où les prévenus affirment ne pas comprendre pourquoi on les interroge, n'ayant, somme toute, que pris vaguement ou peu de temps une adhésion à la Milice.

Quelques individus jugés dangereux sont destinés à la maison d'arrêt de Perpignan. Lorsque le chef de la commission d'interrogatoire de celle-ci et de la Citadelles (qui a assumé un temps la direction du centre de Rivesaltes) transfère à Rivesaltes certains miliciens, il fait l'objet d'une enquête. En effet, même si les fichiers du CSSR confirment que les sans-grade de la Milice sont habituellement envoyés à Rivesaltes, son geste est perçu comme une marque de favoritisme et d'éventuelle connivence avec les épurés. Il est également soupçonné d'avoir perçu

[109] Service technique des camps de la Police Nationale, « Aménagement du camp de Rivesaltes », s.d. ADPO, 26W13 ; Listes des personnes transférées à Rivesaltes en 1944, ADPO, 2266W77 ; « Conférence chez M. le préfet le 13 /1/ 45 sur l'arrivée des réfugiés ruses au camp de Rivesaltes », p. 2, ADPO, 31W52.
[110] ADPO, 26W12, rapport sanitaire du CSSR (Centre de Séjour Surveillé de Rivesaltes), 2 novembre 1944.

de l'argent pour placer des épurés à Rivesaltes et, de là, organiser leurs évasions. *In fine,* alors qu'en novembre 1944 il y avait succédé à son prédécesseur au prétexte de mettre au pas les gardiens qu'il estimait corrompus et en dénonçant une police qui avait servi Vichy, il est arrêté le 1er janvier 1945, en compagnie de plusieurs gardiens soupçonnés d'avoir monnayé leur inattention lors d'évasions[111]. Les individus accusés de marché noir les rejoignent au cas par cas. La commission d'interrogatoire du camp fonctionne du 1er janvier au 1er décembre 1945[112].

Au départ le site de Rivesaltes devait servir de centre de regroupement d'épurés du Sud; hormis quelques transferts (par exemple de Grossetti ou de Castelnaudary) cela ne se fit pas. Le matériel manque, les barbelés en mauvais état permettent évasions, sorties d'hommes et entrées de nourriture. En même temps, le camp continue de recevoir des ressortissants d'autres pays européens : les Espagnols, internés pour passage clandestin de la frontière, assurent ainsi les travaux nécessaires au centre (deuxième enceinte de barbelés, réseau de sonneries d'alarme, 3 puits secs). D'autres doivent à leur action en France pendant la guerre d'être protégés. Comme Alexandre Sarragoza pour lequel le préfet intervient personnellement pour qu'il ne soit pas interné à Rivesaltes pour passage clandestin. De nationalité espagnole, il a « rendu de nombreux services à la Résistance pendant l'occupation allemande. Il offre toutes garanties de moralité »[113].

En janvier et mars 1945, arrivent plusieurs centaines de réfugiés soviétiques; il y a aussi là des collaborateurs belges et des fascistes italiens; une ressortissante polonaise, internée jusqu'en mars 1945 suite à sa condamnation le 26 juin 1944 pour avortement, tandis qu'une autre est là pour « relation intime avec les Allemands ». Bien que les documents n'en comptabilisent pas parmi les effectifs du camp, ils proposent comme motifs sociaux d'internement: « souteneurs et prostituées » et « nomades »[114].

---

111 ADPO, 26W13, dossier du commandant; correspondance entre le commandant et le préfet des Pyrénées Orientales, 4 novembre 1944.

112 ADPO, 2620W24, lettre du préfet au commandant du CSSR, premier décembre 1945. 2 298 personnes viennent d'être libérées des camps d'internement départementaux ou dégagés des mesures restreignant leur liberté (ADPO, 31W16, note du préfet, 15 novembre 1945).

113 ADPO, 31W52, lettre au chef de la première Division, 31 octobre 1945.

114 ADPO, 153J2, 31W20 et 26W14 : notes du CSSR.

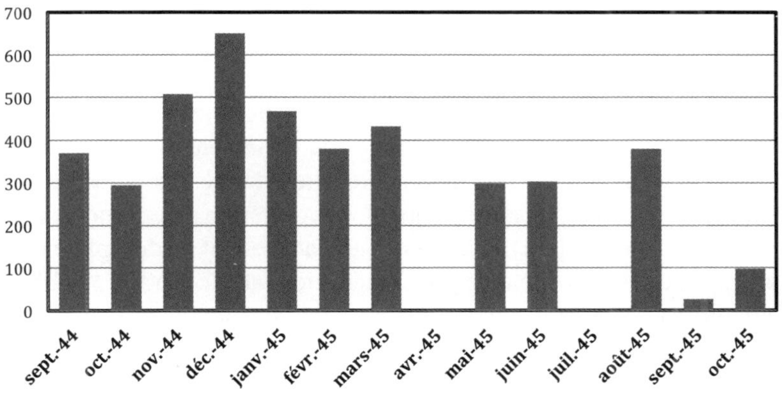


Effectifs des internés du camp de Rivesaltes et de la Citadelle de Perpignan lors de l'Épuration[115].

Le camp de Rivesaltes est donc encore et toujours un labyrinthe de cas et de nationalités. Citons le cas d'Arthur Symannek. Allemand naturalisé Français en 1920, il a toutefois été interné par les Français. Il l'a ensuite été par la Gestapo. Arrêté à la Libération, il a été acquitté par le tribunal. Il est toutefois encore interné à Rivesaltes quelques mois après, sans que nul dans les services administratifs ne sache ni comment ni pourquoi, et la préfecture reconnaît que cet état perdure « à l'étonnement général »[116].

Dans le contexte difficile de la sortie de guerre, cette pluralité des internements entraîne une gestion délicate du gardiennage. Au 1er octobre 1944, il y a 657 internés à la Citadelle et 294 à Rivesaltes. Les troupes coloniales sont de nouveau utilisées. La Citadelle est gardée par 60 Sénégalais à l'extérieur et 30 surveillants à l'intérieur. Les sentinelles sont disposées dans les couloirs, dans la cour, à la porte, avec des mitrailleuses aux carrefours. Rivesaltes bénéficie, quant à lui, de 14 inspecteurs et gardiens pour la surveillance intérieure et d'une section de 25 tirailleurs malgaches. Fixée de jour à six hommes, la garde est doublée la nuit[117].

Les nouveaux pouvoirs publics doivent donc gérer ces zones de rétention avec un personnel réduit et affaibli. Le préfet note ainsi dès

[115] Source : ADPO 26W12 ; 26W13 et 134W29.

[116] ADPO, 2266W83, dossier d'Arthur Symannek.

[117] ADPO, 31W270, rapport du préfet des Pyrénées-Orientales, premier octobre 1944, pp. 7-8.

septembre 1944 que les seules troupes présentes sont constituées des Forces Françaises de l'Intérieur et de coloniaux « malgaches, sénégalais et indochinois ». Ces derniers « pour la plupart ont été prisonniers et ont beaucoup souffert. Privés de nouvelles, sans liaison avec leurs familles depuis quatre ans, ils ont subi les mauvais traitements des Allemands pendant leur séjour dans les stalags et ont été astreints par la suite à des travaux abrutissants. Ils n'aspirent qu'à revoir leur pays et leur famille mais font preuve malgré tout d'un remarquable esprit de discipline »[118]. La fatigue et l'animosité autour de la question raciale rendent le climat entre militaires et prisonniers assez tendu. La population locale se plaint, quant à elle, de ces soldats noirs accusés de consommer trop d'alcool et de prostituées et qui, comme le souligne le président du Comité Départemental de Libération auprès du lieutenant-colonel en charge de leur commandement, provoquent rixes et incidents dans le village[119].

En ce qui concerne les gardiens proprement dits, la direction du camp ne cesse de se plaindre que nombre d'entre eux sont inaptes, corrompus, incompétents. Il y a donc de nombreuses révocations et un fort *turnover*. Le marché noir est structurel et affiche des prix prohibitifs : le paquet de cigarettes s'achète de 120 à 180 francs, la tablette de chocolat à 200 francs, le litre de vin à 70 francs alors que son prix moyen national s'élève à 19 francs[120]. Des abus sexuels sur les internées sont signalés dans les rapports du Centre de Séjour Surveillé de Rivesaltes (CSSR), aux débuts de son existence. Un texte note ainsi que plusieurs gardiens « se sont livrés à des actes regrettables vis-à-vis des femmes internées ». Il y a là un « creux archivistique » dû au fait que l'administration semble vouloir éviter de produire de la documentation sur cette question[121]. La première direction du CSSR est elle-même soupçonnée de participer aux vols de marchandises et trafics auprès des prisonniers ; une prompte mutation permet de mettre fin au problème mais ne permet pas aujourd'hui de trancher quant à la justification des soupçons[122].

---

[118] ADPO, 31W70, rapport du préfet des Pyrénées-Orientales, septembre 1944.

[119] ADPO, 26W13, le président du Comité Départemental de Libération (CDL) au lieutenant-colonel commandant la Subdivision militaire de Perpignan, 28 mars 1945.

[120] ADPO, 26W13, le président du CDL au commandant du camp de Rivesaltes, 17 juillet 1945. André Piatier, « Les Prix de détail en France depuis 1914 », in *Revue économique*, vol. 1, n° 2, 1950, pp. 227 – 231.

[121] ADPO, 31W20, rapport du directeur du camp de Rivesaltes au préfet inspecteur général des camps, 6 janvier 1945.

[122] ADPO, 31W26, l'inspecteur du service des colis du camp de Rivesaltes au préfet des Pyrénées-Orientales, 23 janvier 1945. Le premier directeur a été muté dès le 13 octobre 1944.

Effaré par les facilités d'évasion et les implications que cela sous-entend, le Comité Départemental de Libération (CDL) réclame, fin 1944, que les gardiens soient recrutés hors des P.-O. et seulement parmi les membres de la Résistance[123]. Le gestionnaire qui reprend en main le CSSR dresse un tableau accablant du site : la « mauvaise adaptation à la vie de camp [des 507 internés], étant donné leur façon de vivre antérieure, et des tolérances de l'ancienne organisation du camp » ; quant à l'équipe de 49 gardiens, il voudrait la voir progresser à 110 car « cet effectif permettrait également de licencier tous les éléments douteux ou inaptes, qui ne manquent pas parmi le personnel de surveillance. À l'heure actuelle, on ne peut compter absolument que sur une partie seulement des surveillants, les autres devant faire l'objet d'un contrôle constant... On ne peut donc dire qu'il existe pour le moment à Rivesaltes, un véritable camp de séjour surveillé, fonctionnant rigoureusement bien »[124].

La direction du camp réalise en février 1945 une « grande Épuration » du site en révoquant un certain nombre de gardiens : « Tous les efforts sont déployés afin que tous les agents sans exception comprennent les règles élémentaires de la dignité dans l'exercice de leurs fonctions » ; effort qui correspond à une politique globale d'amélioration du lieu avec, pour les internés, l'instauration d'une ration journalière de 2 000 kilocalories[125]. Puis elle signale que les conditions de vie des gardiens étant similaires à celles des détenus, il est évidemment impossible de disposer d'un encadrement rigoureux. Outre qu'ils sont mal payés, les gardiens n'ont pas d'uniformes, quasiment pas d'armes, pas de vêtements contre le froid, souvent pas de chaussures dignes de ce nom. Ils sont en sous-effectif chronique. La corruption semble inévitable. Pour y remédier, quelques mesures sont prises, comme ce règlement des fouilles qui prévoit que les internés soient provisoirement privés de leurs objets de valeur, montres ou bijoux[126]. La situation est telle que, lorsque le camp connaît enfin son premier mois sans évasion, la direction l'attribue à « l'Épuration du service de surveillance »[127].

---

[123] ADPO, 26W13, instruction du CDL, 9 décembre 1944.

[124] ADPO, 31W20, rapport du gestionnaire du camp de Rivesaltes au préfet inspecteur général des camps, 26 décembre 1944.

[125] ADPO, 31W20, rapport du directeur du camp de Rivesaltes au préfet inspecteur général des camps, 5 mars 1945.

[126] ADPO, 31W20, règlement des fouilles, 2 p.

[127] ADPO, 31W20, le commandant du camp de Rivesaltes au préfet inspecteur général des camps, 7 mars 1945.

Cependant, dans ce maelström de dysfonctionnements pointés, il ne faut jamais perdre de vue que certains problèmes d'alors ne sont plus considérés comme tels aujourd'hui. Prenons un exemple : l'échauffement des esprits qui a lieu en octobre 1944 quand un ordre émanant du Comité Départemental de Libération (CDL) n'est pas appliqué. Ce dernier exigeait que sept femmes condamnées soient libérées après avoir été tondues. Tondre des femmes pour fait de « collaboration » dite « horizontale » avait cours sur tout le territoire. Initiée un peu avant la Libération, cette pratique s'amplifie après l'été 1944, en mai-juin 1945 avec le retour des prisonniers, pour s'arrêter en février 1946. Avec l'accusation de « collaboration horizontale » le discours témoigne clairement d'un acte de purification, de régénération de la nation au moment où les femmes accèdent enfin à la dignité de citoyenne grâce à l'ordonnance de 1944 leur accordant le droit de vote. Dans sept départements des hommes collaborateurs sont aussi tondus. Ils le sont en compagnie de femmes pour mieux les humilier, cette féminisation symbolique visant à les rabaisser au rang de « prostituées de l'Allemagne ». La dimension sexuelle recouvre donc un phénomène tout à la fois de résilience abrupte des années d'Occupation et d'accommodement aux temps nouveaux. Or, à Rivesaltes et dans ce contexte, le délégué du Parti Communiste Français en poste au camp enjoint aux sept détenues de ne pas se laisser faire. Il leur dit de refuser d'être libérées si elles doivent être finalement tondues. Cette action et le blocage qui s'en suivit sont ressentis par le directeur du camp comme une véritable atteinte aux valeurs de la Résistance, et il s'en plaint très vivement au CDL[128]. Cette pratique qui aujourd'hui apparaît comme un acte révoltant, était alors considérée comme faisant partie de la reconstruction de la République.

Au-delà de ces crispations, le camp trouve, en tant que structure organisée, son rythme de fonctionnement. Le règlement interne de la Citadelle est adopté à quelques réserves près par le camp de Rivesaltes : il est interdit de fumer, de chanter, de siffler, ou de tenir des discussions politiques hostiles au pouvoir légal. Chaque chambrée d'internés est sous l'autorité d'un « chef de chambrée » qui, lorsqu'un militaire y pénètre, se doit de crier « fixe » et les internés de se mettre au garde-à-vous[129]. On ne saurait en déduire que règne un ordre de fer : à la fin de

---

[128] François Rouquet et Danièle Voldman (dir.), *Identités féminines et violences politiques (1939-1946)*, *Cahiers de l'I.H.T.P.*, octobre 1985 ; Lettre du chef du camp au président du Comité Départemental de Libération, 23 octobre 1944, ADPO, 26W13.

[129] Règlement du CSSR, ADPO, 31W20.

1944 un rapport de la direction du CSSR note le manque de discipline et de bonne volonté des internés qui, pour la plupart, se considèrent en résidence surveillée plutôt qu'en camp[130]. Jusqu'en mars 1945, les repas sont assurés par une association de secours, l'Entr'aide française, pour une valeur de 18 francs par repas[131]. Deux colis par prisonnier sont autorisés durant la semaine, l'un de linge, l'autre de vivres. Ce dernier est très réglementé : il doit représenter 8 kilos au maximum, dont 200 grammes maximum de confiture, etc. Et malgré le fait qu'il soit interdit de fumer dans l'espace du camp, les détenus ont droit à un paquet de tabac ou deux paquets de cigarettes, hormis les femmes pour lesquelles il y une « interdiction absolue (...) de recevoir du tabac »[132].

Les colis reçus ne peuvent contenir de courriers. Les correspondances doivent impérativement passer par le service de la censure. Les courriers ainsi archivés témoignent que le traitement des internés est plutôt bon : on n'y trouve pas de remarques sur la faim, le froid, les brutalités des gardiens ... mais contre le gouvernement. Néanmoins, la direction du camp reconnaît la mauvaise qualité de l'alimentation et la permanence des épidémies de diarrhées provoquées par la conjonction chaleur et piètre qualité de l'eau[133].

La fin progressive de la Seconde Guerre mondiale a des effets sur place. En 1945, les permissions de sortie pour régler des affaires personnelles, assister à un enterrement, etc. sont fournies, sans trop de problèmes, par l'administration. Par ailleurs ces mêmes allers-retours des travailleurs alimentent le marché noir.

L'écroulement du III^e^ Reich est source de tensions : dans le camp, les internés espéraient être libérés. La douceur de l'hiver durcit le ressenti. L'administration note la « mauvaise humeur » des reclus, un « commencement d'effervescence », et chez les Espagnols « grève de la faim, menace d'évasion collective, etc. ». En février 1945, alors qu'Anglais, Américains et Russes se réunissent à Yalta, 21 personnes s'évadent de Rivesaltes. En conséquence, on regroupe les internés et on sollicite la Garde républicaine[134]. Les troupes de volontaires espagnols ayant participé aux combats pour la Libération de la France sont démobilisées le 3 avril 1945. Le 30 avril 1945, Adolf Hitler se suicide.

---

130 Rapport SSR p2, 26W14.

131 Rapport du directeur du CSSR au préfet des Pyrénées-Orientales, 7 mars 1945, ADPO, 31W20. Pris ensuite en charge par le camp, le repas a son coût montant à 21 francs.

132 ADPO, 26W13, règlement des colis, 3 octobre 1944.

133 ADPO, 26W13, rapport sanitaire du CSSR, 2 novembre 1944, 3 p.

134 ADPO, 31W20/1323, rapport du directeur du camp de Rivesaltes au préfet inspecteur général des camps, 7 mars 1945.

Le 7 mai 1945, l'Allemagne capitule à Reims, puis, de par la volonté de Staline, le 8 mai à Berlin. Dans le village de Rivesaltes, on exulte, on fait la fête deux jours durant. Les cloches de l'église sonnent, les rues se remplissent, on forme un cortège, on danse aux bals populaires, on chante à tue-tête, « La Marseillaise » comme « L'Internationale »[135].

À partir du 7 mai 1945, les internés se voient proposer de s'engager dans l'armée pour rejoindre l'Indochine, soit pour trois ans soit pour le temps des opérations de guerre (la péninsule ayant alors été attaquée par l'armée japonaise)[136]. Le temps est venu de tenter de désamorcer les tensions inhérentes à un enfermement prolongé. En effet, les prisonniers ne comprennent pas pourquoi ils ne sont pas relâchés, puisque nombre d'internements ont été prononcés « jusqu'à la cessation des hostilités », comme c'est le cas pour 187 épurés français des Pyrénées-Orientales. Or, la fin des hostilités n'est officiellement proclamée que le 12 mai 1946. En juin 1945, parmi les internés, il y a encore 205 Français et 141 étrangers. Parmi ces 60 % d'internés français, 85 % sont des politiques et 15 % des auteurs de marché noir, contre 56 % de politiques, 5 % d'auteurs de marché noir et 39 % dits « indésirables » chez les étrangers[137]. L'administration tente de les occuper comme elle peut : de 8 heures à 10 heures et demie ils nettoient et embellissent (sic) le camp. En août, les prisonniers sont dirigés sur le camp de Noé. Le centre est quasiment vidé, treize gardiens encadrant « 26 internés, presque tous des Espagnols détenus pour franchissement de frontière »[138].

Finalement, la dissolution du centre de Rivesaltes intervient le 10 décembre 1945, et sa liquidation est achevée aux premiers jours d'octobre 1946. L'annonce de sa fermeture se fait dans une indifférence quasi-générale : selon le commissaire de police local, hormis la vingtaine de Rivesaltais qui en tiraient leurs subsides, elle « passera inaperçue en ville ». Elle ne provoque *in fine* qu'une manifestation du personnel du camp, organisée par la Confédération Générale du Travail, devant la

[135] ADPO, 31W29, le commissaire de police de Rivesaltes au préfet des Pyrénées-Orientales, 7 mai 1945 ; *idem*, 11 mai 1945.

[136] ADPO, 31W20, télégramme de l'Inspection générale des camps aux préfets, 7 mai 1945.

[137] Traitement statistique de Centre de Séjour Surveillé de Rivesaltes, « Situation d'effectifs du 16 au 30 juin 1945 », 30 juin 1945, ADPO, 31W20.

[138] Le directeur du Centre de Séjour Surveillé de Rivesaltes, rapport au préfet inspecteur général des camps, 21 septembre 1945, ADPO, 31W20. Il est vrai que le préfet a libéralement accordé de multiples permissions devant s'achever le 31 août (ADPO, 31W10).

préfecture de Perpignan, et des protestations des municipalités et du PCF quant à la remise en liberté des collaborateurs[139].

L'histoire du camp de Rivesaltes paraît close... Un ancien gardien écrit pour être réembauché. Il faudra lui spécifier que l'internement n'existe plus et que le zèle dont il a fait preuve sous Vichy ainsi que son activisme collaborationniste ôtent aux services de l'Intérieur tout désir de le reclasser[140].

Mais Rivesaltes n'en a pas si vite fini avec son camp.

---

[139] ADPO, 31W29, rapport du commissaire de police de Rivesaltes au préfet des Pyrénées-Orientales, 7 décembre 1945. ADPO, 38W66, lettre du commandant du camp au préfet des Pyrénées-Orientales, 13 décembre 1945.

[140] ADPO, 31W52, lettre du ministère de l'Intérieur au préfet des Pyrénées-orientales, 9 mai 1946.

Imaginant, semble-t-il, un effet domino provoqué par la chute des puissances de l'Axe, les autorités travaillent sur un scénario d'écroulement du régime franquiste. Pour accueillir les éventuels réfugiés de cette « Retirade de droite » (les partisans du régime du Caudillo franchissant les Pyrénées), un plan de reconversion du camp de Rivesaltes est mis en place[141]. En effet, le lieu a déjà été mis à profit pour assurer l'internement des forces vaincues.

Parallèlement au CSSR (Centre de Séjour Surveillé de Rivesaltes), s'est développé, sous l'autorité militaire, le Dépôt n°162 des Prisonniers de Guerre. La concomitance des deux structures n'est pas sans causer quelques difficultés et interférences de l'une à l'autre. Après qu'un colis ait été trouvé entre les barbelés du CSSR, l'autorité militaire qui veille sur le dépôt n°162 décide que ses patrouilles vont arpenter l'ensemble du territoire du camp Joffre et qu'elles feront feu après sommations. Conséquemment, elle demande au CDL d'en avertir les familles des internés civils, et ce dernier réagit en prescrivant l'arrestation de toute personne trouvée à proximité de l'îlot des détenus politiques[142].

Regroupant des militaires allemands et italiens, le dépôt de prisonniers de guerre compte moins de 10 000 internés en octobre 1944, entre 6 000 et 7 000 en mai 1945, et il est fermé le 1er mai 1948. L'essentiel des hommes sont des Allemands, traités d'une manière différente de celle plus cordiale réservée aux Italiens. Le département était à peine libéré que le préfet notait à propos de ces derniers que « déjà employés aux travaux de terrassement et de fortifications par les Allemands, [ils] n'ont pas suivi ceux-ci dans leur retraite. Ils travaillent maintenant au déblaiement des décombres. Ils se montrent soumis et disciplinés et dans l'ensemble paraissent assez satisfaits de l'évolution de la situation internationale »[143].

Les prisonniers sont effectivement amplement utilisés dans les travaux de reconstruction des Pyrénées-Orientales : 1 814 prisonniers de guerre allemands travaillent dans des Kommandos en décembre

[141] ADPO, 31W52, le directeur du Centre de Séjour Surveillé de Rivesaltes (CSSR), rapport au préfet inspecteur général des camps, premier septembre 1945. Ce possible usage est explicité par le ministre de l'Intérieur à son collègue des Armées dans une lettre du 3 avril 1946 (ADPO, 38W66).

[142] ADPO, 26W13, instruction du CDL, 4 octobre 1944.

[143] ADPO, 31W70, rapport du préfet des Pyrénées-Orientales, septembre 1944, p. 4.

1946. Ce travail hors du camp provoque des protestations : de la population roussillonnaise qui considère qu'il s'agit là d'un régime trop libéral pour des prisonniers trop arrogants ; des syndicats qui observent comment certains employeurs trouvent là une main-d'œuvre remplaçant avantageusement les travailleurs libres (le syndicalisme réactivant ainsi la polémique présente en son sein depuis la fin du XIX^e^ siècle sur l'usage patronal de substitution de la main-d'œuvre étrangère à la française) ; du préfet qui réclame la dissolution du centre car il estime que la circulation et la concentration de prisonniers de guerre si près d'une frontière est une gageure, d'autant que « se trouvent enfermés dans ce camp un nombre important de prisonniers valides, parmi lesquels on compterait des SS »[144]. En réaction à l'accusation de distorsion du marché du travail provoquée par la présence des Prisonniers de Guerre Allemands, la préfecture procède à une enquête. Elle affirme, sur la base des résultats, que l'accusation est erronée et que les tâches accomplies par les Prisonniers de Guerre Allemands ne peuvent induire un rétrécissement du marché du travail. Elle a recensé en tout 85 prisonniers dans le forestage, 933 dans l'agriculture, 235 dans les mines, 225 dans les travaux publics, 131 dans le déminage, 13 dans l'industrie mécanique, 20 dans l'industrie chimique, 48 dans l'industrie agricole, et 33 « divers ». S'y ajoutent les Kommandos communaux : 73 prisonniers œuvrent à Pia, 29 à Saint Paul-de-Fenouillet, 3 à Céret et 2 à Rivesaltes. Ces chiffres témoignent que la situation est plus ambiguë qu'il n'est dit, car si le déminage est aisément et de bonne grâce laissé aux prisonniers, il y a aussi des travaux qui correspondent à des emplois civils. Le préfet devait d'ailleurs être discrètement averti par son administration qu'en effet certains employeurs usaient de cette main-d'œuvre facile pour ne pas embaucher de travailleurs libres[145].

La situation locale est conforme à la nationale. Au premier décembre 1945, le pays compte 724 675 PGA, dont 550 850 sont au travail, et parmi eux 79 694 à disposition des services militaires. Au premier avril 1947, il en demeure 418 000, dont 45 % sont employés dans l'agriculture, 12 % dans les mines et 13 % dans les chantiers de reconstruction. Leur état sanitaire est lié à celui de la population civile : si 17 773 d'entre eux

---

[144] ADPO, 39 W 94, lettre du préfet au général commandant la 17^e^ Région militaire, 6 mars 1945 ; note des RG des Pyrénées-Orientales, 21 novembre 1945 ; *idem*, 20 mai 1948 ; note du directeur départemental du travail au préfet, 20 décembre 1946 ; note de la commission de criblage au préfet, 17 septembre 1947.

[145] ADPO, 39W94, le directeur départemental du travail au préfet des Pyrénées-Orientales, 20 décembre 1946 ; rapport de la commission de criblage au préfet des Pyrénées-Orientales, 17 septembre 1947.

décèdent entre juin et octobre 1945, c'est lors d'une crise sanitaire qui touche l'ensemble du pays (infrastructures en déliquescence, canicule, épidémies)[146].

Ce qui singularise cette étape du camp de Rivesaltes est avant tout la surmortalité qui y sévit. Entre mai 1945 et 1946, 412 Prisonniers de Guerre Allemands décèdent sur le site. Au mois de septembre 1945, comptabilisant 159 décès, un cimetière est créé à l'extrémité sud-ouest du site[147]. Légalisé après coup, il sera ensuite vidé en toute discrétion. La différence est très nette entre la situation des Allemands et celle des autres internés. Durant le même laps de temps, un seul prisonnier de guerre italien décède sur le site. Comme l'indique Joël Mettay, « selon une rumeur tenace, on les laissa purement et simplement mourir de faim ». Essentiellement sur la foi de témoignages d'anciens prisonniers, un récent ouvrage a dressé un tableau apocalyptique du lieu[148]. Il est vrai que la pyramide des âges n'indique pas une surreprésentation de personnes âgées, signe commun d'un aléa sanitaire emportant les individus les plus fragiles. La canicule (37° en juillet, 38° en août, 35° en septembre) ne permet toutefois pas d'écarter l'hypothèse d'une part importante de décès pour cause sanitaire. Ceux qui présentent le dépôt de guerre de Rivesaltes comme un mouroir « organisé » passent cette possibilité sous silence (par lacune méthodologique ou par *a priori* idéologique ?). Néanmoins, la seule condition sanitaire ne saurait non plus expliquer cet état de fait et, malgré les exagérations manifestes issues des témoignages d'anciens Prisonniers de Guerre Allemands, il est à peu près certain que des brutalités ont dû être commises. Il faut souligner ici la difficulté qu'il y a à utiliser des témoignages produits par ces Allemands qui, par la suite, feront le choix de rester dans ce pays. La mémoire de la Seconde Guerre mondiale est culpabilisante pour ces anciens soldats allemands : afin de réussir leur intégration sociale en cet ancien territoire occupé, ils sont logiquement portés à vouloir endosser l'image revalorisante de « victimes ». Cette répression extra-légale a donc contribué à renforcer la légende noire du camp de Rivesaltes selon deux mouvements en apparence contradictoires, en fait convergents. Tout d'abord, survient la traduction en français en 1990 de l'ouvrage du Canadien James Bacque : *Morts pour raisons diverses*. Foncièrement

[146] Claude d'Abzac-Epezy « La France face au rapatriement des prisonniers de guerre allemands », in *Guerres mondiales et conflits contemporains*, 2009, n° 233, pp. 93-108.
[147] ADPO, 153 EDT 59, livre de décès de l'État civil de la commune de Rivesaltes. La création du cimetière est officialisée par la préfecture en octobre 1945.
[148] Joël Mettay, *op. cit.*, p. 151 ; Violette Marcos et Juanito Marcos, *Les camps de Rivesaltes*, Portet-sur-Garonne, Loubatières, 2009.

a-scientifique l'ouvrage – pour lequel James Bacque a l'honneur d'une invitation à l'émission de Bernard Pivot *Apostrophes* – cherche à démontrer l'existence d'un prétendu « holocauste caché » produit à l'encontre des Prisonniers de Guerre Allemands, approfondissant ainsi la thématique du « double holocauste » popularisée dans les années 1980, et qui visait à relativiser l'extermination des juifs d'Europe par sa mise en parallèle avec les souffrances endurées par les Allemands. Pour le cas de Rivesaltes, Bacque se base sur un témoignage pour atteindre au doigt mouillé un décompte de 1 350 morts, donc environ trois fois supérieur au réel[149].

Dans son rapport ambigu à l'épisode vichyste, la société française des années 1990 a entrepris une dévalorisation systématique du passé national aboutissant à une surestimation répandue tant du phénomène de la Collaboration que de l'étendue sociale de l'antisémitisme. La question des procès pour crime contre l'humanité a moins été productrice de pédagogie historique que de surfocalisation sur des cas érigés en prototypes de la période. Ainsi, la figure de Maurice Papon, à la carrière ininterrompue de la préfecture de Bordeaux sous Vichy à celle de Paris sous de Gaulle (avec à la fin de la décennie 1990 l'émergence mémorielle du massacre des manifestants algériens du 17 octobre 1961), puis ministre du Budget du Président Giscard d'Estaing, construit socialement l'image d'une France d'après-guerre fort veule. À la mythologie d'une France toute entière résistante succède le mythe d'une France coupable parmi les coupables. La mémoire locale surcharge donc tout à la fois la noirceur du bilan du dépôt de guerre et le souvenir même de la Résistance. On se gausse du fait que Jean Latscha fut le préfet de la Libération alors qu'il participait à la préfecture sous Vichy. On rit jaune, fier de ne pas se laisser abuser : l'homme a donc rempli le camp de Rivesaltes d'autant de juifs, d'Espagnols, que d'Allemands et de collaborateurs. On transpose le schéma de la biographie de Papon. On souffle que c'est bien là le signe de temps où les vestes se tournent, où vainqueurs et vaincus ne sont que les deux faces de la même pièce. En fait, Latscha fut responsable de la commission de criblage du camp de Rivesaltes sous Vichy en tant que secrétaire-général de la préfecture. Il fut vivement félicité pour l'accomplissement de sa tâche par sa hiérarchie. Mais, dans ses fonctions administratives, Latscha était un homme travaillant pour la Résistance. Il entra dans la clandestinité en

[149] James Bacque, *Other Losses ; An Investigation into the Mass Deaths of German Prisoners at the Hands of the French and American after World War II*, Prima Publishing, Roclin, 1989, p. 151.

août 1943 et fut désigné dès octobre suivant comme devant prendre en charge la préfecture roussillonnaise[150]. « Double holocauste » ou soupçon de duplicité quant à des figures de la Résistance : c'est bien du même jeu dont il s'agit. Celui d'une société en crise culturelle qui cherche à juger son passé pour se convaincre de son équité présente et de sa conversion complète aux thèses de l'humanisme égalitaire. Durcir l'image de la Libération contribue à dessiner un temps de culpabilité, des « Années noires » selon un stéréotype langagier, où, finalement, tout se vaut et rien ne vaut rien. Il s'agit d'oblitérer la compréhension des phénomènes sociaux et politiques pour s'en tenir aux discours de la morale, où l'être présent juge un passé forcément coupable.

Pourtant, cette phase de la vie du camp de Rivesaltes est riche de sens sur la façon dont la société française se reconstruit après 1945. Rapporté aux données du recensement de 1946, le taux d'internement des épurés peut être estimé à environ 0,78 % de la population départementale contre une moyenne nationale d'environ 0,12 %. C'est, manifestement, l'existence et la disponibilité des structures du camp qui expliquent ce phénomène. La tendance se retrouve avec les autres infrastructures d'internement : en septembre 1944 l'un des principaux camps, comptant 4 200 internés, est celui de Drancy. Le camp de Noé aussi a été réutilisé : en octobre 1944 seuls 7 de ces 229 gardiens avaient été embauchés après la Libération[151]. Le complexe immobilier et administratif d'internement fait ainsi partie des moyens qui permettent de réaliser une sortie de guerre qui soit une réconciliation de la société avec elle-même. L'usage massif de la mise à l'écart des suspects fait office de régulateur social.

L'Épuration certes clôt la Seconde Guerre mondiale, mais elle dessine aussi des structures, des dynamiques, qui dépassent son cadre chronologique. Elle informe sur ce dont une société a besoin pour se survivre à elle-même. À l'échelle internationale, le Tribunal de Nuremberg qui juge les maîtres survivants de l'ex III^e^ Reich, ouvre une nouvelle phase non seulement du droit mais aussi des relations internationales et de la culture occidentale. Nuremberg inaugure une période internationale marquée par l'émergence de l'idéologie des Droits de l'Homme (Déclaration Universelle des Droits de l'Homme proclamée en 1948) et du droit comme facteur de régulation des

---

[150] ADPO, 134W29, le secrétaire général pour l'Administration au préfet des Pyrénées-Orientales, 31 octobre 1942 ; ADPO, 26W27, Comité Départemental de contrôle et d'épuration, fiche de Jean Latscha, 6 octobre 1944.

[151] Cf. Denis Peschanski, *op. cit.*, pp. 440-473.

problèmes internationaux (la Charte des Nations unies, qui fonde le système de l'Organisation des Nations Unies conçu par Roosevelt dès 1942, est signée le 26 juin 1945). Mais, cette nouvelle ère, en se fondant sur la désignation de coupables plus que sur une remise en question collective, sur la désignation du rôle des États et groupements politiques plus que sur celui des sociétés, porte dès son origine les germes de l'incompréhension future du phénomène, de l'indifférence bien-pensante aux situations présentes à l'hystérie mémorielle rétrospective. Dès l'origine, comme le souligne la répression des manifestations en Algérie le 8 mai 1945, le nouveau régime politico-culturel se trouve d'ailleurs confronté à la gestion de ses contradictions internes, entre les survivances coloniales en son sein et les valeurs universalistes égalitaires qu'il proclame.

Signe matériel des soubresauts du siècle, le camp de Rivesaltes n'a pas méconnu cette ambivalence. À partir du 1er octobre 1947, en remplacement des troupes sénégalaises (506e et 507e compagnies de tirailleurs sénégalais), environ 140 militaires nord-africains ont été affectés à la garde des Prisonniers de Guerre Allemands au camp de Rivesaltes. Il s'agit de la 507e compagnie de tirailleurs algériens commandée par le capitaine Berges. Même si « l'état d'esprit des troupes indigènes » est satisfaisant, ils sont l'objet d'une vigilance et de notes des RG pour déceler le moindre agitateur en leur sein[152]. D'ailleurs après 1945, les troupes nord-africaines qui rejoignent l'Afrique du Nord par Port-Vendres sont tout autant surveillées pour éviter des incidents lors de leur départ.

---

[152] ADPO, 1010W2. RG, 6 novembre 1947.

# Former et surveiller les travailleurs nord-africains

La Seconde Guerre mondiale achevée, le camp de Rivesaltes cherche sa voie. Deux projets concernant l'îlot Q avortent coup sur coup: la mairie de Perpignan en récupère la jouissance dans le but d'y réaliser un programme immobilier, puis l'abandonne, tandis que l'État envisage un temps d'y créer un centre regroupant les clandestins espagnols. La CGT obtient de l'armée l'autorisation d'installer sur le site un « centre de formation professionnelle accélérée pour les ouvriers du bâtiment des Pyrénées-Orientales »[153]. Mais, ce n'est qu'en 1951 que ce Centre de formation professionnelle accélérée (CFPA) est créé sur l'îlot O. Il est finalement destiné aux travailleurs nord-africains. Du fait que peu d'entre eux remplissaient les conditions requises pour participer aux stages de formation professionnelle des centres métropolitains, il a été suggéré de doubler ceux-ci par des centres qui leur soient spécialement destinés pour deux raisons principales: le besoin de la métropole en ouvriers qualifiés, et le souci de favoriser la promotion ouvrière et sociale des meilleurs d'entre les Nord-africains.

Dans son mémoire de stage pour l'École Nationale d'Administration (ENA) sur la « situation de la main-d'œuvre nord-africaine dans les Pyrénées-Orientales », le stagiaire Anthime Beaucarne préconisait de créer un centre d'accueil pour améliorer le passage de la main-d'œuvre algérienne. Il proposait Perpignan plutôt que Rivesaltes. Ce dernier offrait, selon lui, des possibilités de logement grâce aux bâtiments du camp Joffre, mais il craignait les tensions d'un regroupement de Nord-africains, ces « désoeuvrés », à proximité des autres travailleurs du centre de formation professionnelle[154]. C'est cependant le choix que fait l'administration. Elle estime que ce centre est nécessaire dans ce département par où arrivent en métropole les migrants, via le port de Port-Vendres et l'aéroport de La Llabanère. Le centre de formation accélérée du bâtiment pour Nord-africains est installé à Rivesaltes, en raison des possibilités de logement qu'offre le camp Joffre et du fait que le climat y est jugé « proche parent des plaines côtières d'Algérie »[155].

[153] ADPO, 109W191, fonds de 1948 sur ces projets; ADPO, 38W66, CGT, lettre au préfet, 27 février 1947.

[154] ADPO, 1419 W24. Rapport, décembre 1952, 30 p.

[155] ADPO, 1419W24. Rapport, décembre 1952.

Le centre de formation accélérée du bâtiment pour Nord-africains de Rivesaltes ouvre ses portes le 12 novembre 1951. Comme précédemment pour ceux de Guignicourt-sur-Vence (Ardennes), de Foix (Ariège), d'Étampes (Seine-et-Oise) et le centre de préformation de Marseille (Bouches-du-Rhône), il a été créé par l'intermédiaire de l'Association nationale interprofessionnelle pour la formation rationnelle de la main-d'œuvre (ANIFRMO). Le centre de Rivesaltes est cependant le premier de la sorte, seul centre, au moins jusqu'en juillet 1954, exclusivement composé de Nord-africains. L'État pourvoit aux frais de création et de fonctionnement par des subventions (le budget pour les 13 premiers mois est de 64 718 932 francs). Le ministère du Travail exerce sur ces centres un contrôle technique et financier.

Le lieu a été conçu pour un effectif théorique de 120 stagiaires, nombre porté ultérieurement à 180. Le chef du centre est responsable devant l'ANIFRMO. Il est assisté d'un adjoint administratif et d'un agent social. Un personnel de service s'occupe des cuisines et des tâches matérielles accessoires. L'encadrement technique comprend douze moniteurs métropolitains, quatre aides-moniteurs nord-africains et trois moniteurs de français.

En novembre 1951, le centre débutait avec deux sections, auxquelles s'ajoute une nouvelle section par mois pour finalement atteindre huit sections de limousinerie (construction en pierre) et quatre de coffrage et ferraillage (béton armé) en décembre 1952. Le stage dure neuf mois. Chaque section débute avec 17 à 20 élèves. Pendant le premier trimestre, des stagiaires sont radiés pour insuffisance intellectuelle ou manuelle, ou pour trouble caractériel ou moral. Ainsi se pratique une deuxième sélection, plus sérieuse que celle qui a précédé l'envoi des stagiaires au centre. Le recrutement des stagiaires pose, en effet, un problème important. Initialement, il n'y avait guère de sélection. Le ministère du Travail, qui poussait à l'ouverture immédiate du centre, prenait ceux qui se présentaient. Au départ, il était prévu que la majorité des stagiaires proviennent de la région parisienne, mais à la date du 1er novembre 1952, il n'est entré par cette voie que 20 stagiaires sur un total de 250. D'autre part, le recrutement sur place était limité par la faible présence de main-d'œuvre nord-africaine dans les Pyrénées-Orientales. Un mode de recrutement imprévu, et non sélectif qualitativement, a aussi eu pour origine la publicité faite par les stagiaires du centre eux-mêmes. Nourris, logés, touchant un petit salaire, ils adressent des courriers très positifs à leurs proches demeurés en Algérie. L'attractivité est d'autant plus réelle que la paysannerie algérienne a été déstructurée durant les années 1940 et 1950, phénomène qui s'accentue encore durant la Guerre d'Algérie[156]. Un flux régulier de stagiaires est ainsi généré, d'autant que les travailleurs algériens préfèrent suivre le stage d'un centre métropolitain plutôt que celui d'un centre algérien, car ils n'ignorent pas que le premier dispose d'une meilleure image auprès des employeurs français. Les centres des deux rives se placent d'ailleurs eux-mêmes en position de concurrence : « L'ouvrier du bâtiment ainsi formé ne sera qu'imparfaitement adapté à la tâche exigée de lui dans la métropole, affirme Anthime Beaucarne. D'autre part, le centre algérien ne peut faciliter l'adaptation à la vie française de la même manière que le fait un centre français »[157].

Outre le recrutement, le placement constitue un autre problème puisqu'il faut reclasser environ 150 stagiaires par an. Un an après son ouverture, en décembre 1952, seul 10 % des stagiaires ont été reclassés dans le département (qui présentait cependant 953 demandes de travail non satisfaites dont 113 pour le bâtiment). Sur 32 stagiaires sortis du centre depuis son ouverture, seuls 18 ont été placés, dont quelques-uns dans le bâtiment. Les autres ont connu des trajectoires diverses, faisant apparaître la faiblesse structurelle de ce centre : les uns seraient repartis en Algérie, les autres restés en France, mais il n'a pas été possible d'établir leur nombre et l'emploi qu'ils occupaient.

Au travers du rapport d'Anthime Beaucarne, on voit se dessiner le rôle particulier de ce centre de préformation pour les « travailleurs musulmans ». Un encadrement européen des travailleurs algériens et une discipline stricte sont fermement préconisés pour une population dont la mentalité tendrait à l'anarchie et au désordre... Selon lui, dans les premiers mois de l'ouverture du centre, la situation disciplinaire est médiocre : bagarres au moment des repas pour occuper les places de têtes lors des distributions, querelles dans les dortoirs pour les choix des meilleurs lits, etc. Il préconise dès lors un meilleur encadrement disciplinaire avec la mise en place de groupes ou de sections, la responsabilité d'un chef qui jouerait le rôle « d'ancien », avec, sous-entendue, la perception stéréotypée d'une « mentalité musulmane » spécifique, et « le besoin inné des Nord-africains de se grouper autour d'un chef »[158].

Le rapport souhaite également que ce ne soit plus un Nord-africain qui assume la fonction d'agent social, cet intermédiaire entre

---

156 Pierre Bourdieu et Abdelmalek Sayad, *Le déracinement. La crise de l'agriculture traditionnelle*, Paris, Les Éditions de Minuit, 1964.

157 ADPO, 1419W24. Rapport, décembre 1952, 30 p.

158 ADPO, 1419W24. Rapport, décembre 1952, 30 p.

l'administration et les travailleurs. D'autant que ce dernier pourrait avoir de la sympathie pour les nationalistes algériens alors en pleine effervescence sous la direction du Mouvement pour le triomphe des libertés démocratiques (MTLD) et de son leader charismatique Messali Hadj. Ainsi, en septembre 1952, l'agent social en poste est renvoyé parce qu'il aurait, selon la version officielle, apporté le désordre et l'indiscipline parmi la collectivité. Officieusement, il a été renvoyé pour avoir participé d'une manière trop active à une manifestation du MTLD le 1er mai 1952. « Cet agent social après avoir fait un tort énorme aux Nord-africains dans l'esprit de la population locale a été congédié. À l'heure actuelle, inquiet de cette première expérience malheureuse dans l'emploi d'un agent social, on hésite à le remplacer, tout au moins par un Nord-africain »[159]. Toutes les propositions faites par le rapport n'auraient qu'un but : « aider les Nord-africains à s'adapter à notre vie sociale »[160]. Elles s'inscrivent dans la théorisation de la « mentalité musulmane » par ces « contrôleurs sociaux de la main-d'œuvre nord-africaine », avec une approche anthropologisante de l'homme nord-africain, de son comportement, de ses instincts[161]... dans le but de favoriser l'assimilation des Nord-africains par leur progression sociale.

Certains passages du rapport d'Anthime Beaucarne concernant l'implantation des Nord-africains dans l'agriculture du Roussillon sont révélateurs de cette mentalité considérée comme spécifique aux Nord-africains. Ainsi, « les employeurs sont unanimes à reconnaître que le Nord-africain adapté à l'agriculture est un être propre, poli, calme, reconnaissant de l'attention qu'on lui accorde. Patient, laborieux, dur à la tâche, un peu lent parce qu'il vise avant tout à bien faire, il constitue une main-d'œuvre facile à diriger ». La préférence aux migrants algériens est d'ailleurs soulignée, en comparaison aux autres migrants, tels les Espagnols, considérés comme trop revendicatifs. « Le Nord-africain s'installe là où il se trouve bien (...) Son alimentation se compose de lait, fruits, légumes et moutons (...). Le Nord-africain ignore les problèmes politiques et sociaux au sens où nous l'entendons, il n'est pas assez évolué pour cela (...). La mentalité particulière des Nord-africains donne à ces propriétaires l'occasion de diriger leurs domaines dans un esprit de paternalisme bienveillant ; le Nord-africain

[159] ADPO, 1419W24. Rapport, décembre 1952, 30 p.

[160] ADPO, 1419W24. Rapport, décembre 1952, 30 p.

[161] Comme d'ailleurs dans de nombreux autres rapports contemporains à l'instar des notes d'information du service départemental des Renseignements Généraux qui s'épanchent par exemple sur « l'état d'esprit spécial qui caractérise les Nord-africains » (ADPO, 68W91, note du 15 décembre 1953).

docile leur procure la satisfaction d'être un chef et un père sur leurs terres »[162].

Le quotidien du centre est émaillé de profondes tensions avec les populations environnantes. Aux dénonciations de chapardage et vandalisme dans les vignes alentour, aux affrontements physiques entre groupes de jeunes gens du centre et de la commune, aux accusations d'actes immoraux, s'ajoutent des incidents qui opposent les Nord-africains aux habitants des villages avoisinants, en particulier Rivesaltes et Salses[163]. Les propriétaires des vignobles alentour demandent d'ailleurs que le centre soit fermé pendant les vendanges, tandis que les maires de Salses et Rivesaltes exigent une plus grande surveillance à l'intérieur et à l'extérieur du centre, si ce n'est sa fermeture purement et simplement.

Néanmoins, c'est sur l'aspect politique que la surveillance se focalise. Le centre est l'objet d'une vigilance constante de la part des services des Renseignements Généraux, et en particulier les stagiaires considérés et classés comme des « éléments douteux ». Cette surveillance du centre est englobée dans la « question nord-africaine », particulièrement suivie et sensible[164]. Pour ces agents de police, la perspective d'un centre géré et encadré par d'anciens militaires est source de tranquillité, car les Nord-africains « savent reconnaître l'autorité lorsqu'elle se manifeste sans perspective de palabres »[165]. C'est pourquoi le directeur du centre est un commandant à la retraite, secrétaire général de l'amicale des Pyrénées-Orientales, tandis que son adjoint administratif est trésorier de diverses amicales d'anciens combattants, notamment d'« anciens du Corps expéditionnaire français en Extrême-Orient et Forces françaises d'Indochine ». L'objectif de cette surveillance est surtout d'empêcher toute subversion, nationaliste, syndicaliste ou communiste. Ainsi, « le centre de Rivesaltes fonctionne à l'entière satisfaction des organisateurs et des indigènes qui y sont hébergés. Jusqu'à présent, aucune propagande politique ou antinationale n'a été décelée parmi ces derniers »[166]. Dans un autre rapport en avril 1952, il est stipulé que « jusqu'à ce jour, aucune propagande subversive n'a été décelée chez

[162] ADPO, 1419W24. Rapport, décembre 1952, pp. 19-21.

[163] Voir le rapport du préfet au ministre de l'Intérieur. ADPO, 1419 W 25, « Centre de Formation Professionnelle accélérée des Travailleurs nord-africains de Rivesaltes », 2 août 1952.

[164] ADPO, 68W91. Rapport d'enquête, service départemental des RG – Perpignan, 16 juillet 1952, p. 5.

[165] ADPO, 68W91. Note des RG, 12 juillet 1954.

[166] ADPO, 68W91. Note des RG, 7 janvier 1952.

ces indigènes. On en donne pour preuve l'absence de toute diffusion dans le centre des tracts récemment distribués par la CGT dans les milieux Nord-africains »[167]. En juin 1952, un stagiaire du centre est licencié, officiellement pour indiscipline et manque d'assiduité, mais officieusement comme « propagandiste du Parti communiste ». Sept autres Nord-africains sont listés comme susceptibles d'être licenciés car « tous identifiés au quartier Saint-Jacques Perpignan comme des propagandistes communistes »[168]. Ils distribuaient des exemplaires du journal communiste *L'Algérie en France*.

Durant l'année 1954, avec les tensions au sujet de l'indépendance du Maroc et de la Tunisie, les Nord-africains, dont ceux du centre, sont l'objet d'une surveillance accrue de la part des agents du renseignement général, et particulièrement les membres du Parti communiste algérien (PCA) et du MTLD, pour leurs activités jugées antinationales. Lorsque la Guerre d'Algérie s'engage – ce que l'on a appelé les « évènements », avec la « Toussaint rouge » du 1er novembre 1954 –, des fiches sur la « surveillance des milieux ou des éléments Nord-africains »[169] sont produites quotidiennement. Après le transfert en résidence surveillée de Messali Hadj, des tracts exigeant sa libération sont diffusés parmi les stagiaires du centre de Rivesaltes.

Le 10 décembre 1954, en réponse à l'écho des « évènements », le centre est réorganisé en centre mixte de formation professionnelle accélérée, afin d'« équilibrer » les effectifs[170]. Doté dorénavant d'une moyenne de 180 stagiaires (au lieu de 140), ce centre n'est plus composé que pour moitié seulement de Nord-africains[171]. En mai 1955, on compte ainsi 49 « musulmans français » sur 137 stagiaires. À partir de 1956, il y a des mouvements de grève de stagiaires au centre de Rivesaltes, liés à l'évolution de la situation politique en Algérie, comme en avril 1956 ou les 4 et 5 décembre 1956. À cette date, les stagiaires nord-africains du CFPA cessent de suivre les cours pour protester contre l'interdiction qui leur est faite d'utiliser des postes radios, – ce qui leur sera finalement autorisé jusqu'à l'extinction des lumières. Le

[167] ADPO, 68W91. Note des RG, 16 avril 1952.

[168] ADPO, 68W91. Note des RG, 10 juin 1952.

[169] ADPO, 68W91. Dossier Rivesaltes.

[170] Selon l'accord donné par le ministre du Travail au préfet. ADPO, 1419W25, 31 janvier 1955.

[171] Sections normales : avec 6 sections métropolitaines et 4 sections musulmanes chacune comprenant 15 stagiaires ; sections spéciales : deux sections composées seulement de Nord-africains qui feront un stage probatoire de 45 jours avant leur intégration au centre de Rivesaltes ou dans un autre département.

30 janvier 1957, 36 stagiaires musulmans français du centre, suivis par 10 stagiaires tunisiens, participent, par convictions politiques, par solidarité ou pour éviter des représailles, à la semaine de grève décidée par le FLN et le MNA[172].

Deux ans plus tard, les métropolitains représentent les deux tiers des effectifs. Néanmoins, le camp de Rivesaltes n'est pas pour autant devenu un moyen d'insertion sociale pour les stagiaires nord-africains, alors que la partie strictement militaire du camp reçoit les troupes en partance pour l'Algérie.

*Carte de Yahiaoui Abdelkader, CFPA de Rivesaltes.*
*(Source : Leila Yahiaoui Tadros)*

[172] ADPO, 1419W24. Note des RG, 30 janvier 1957.

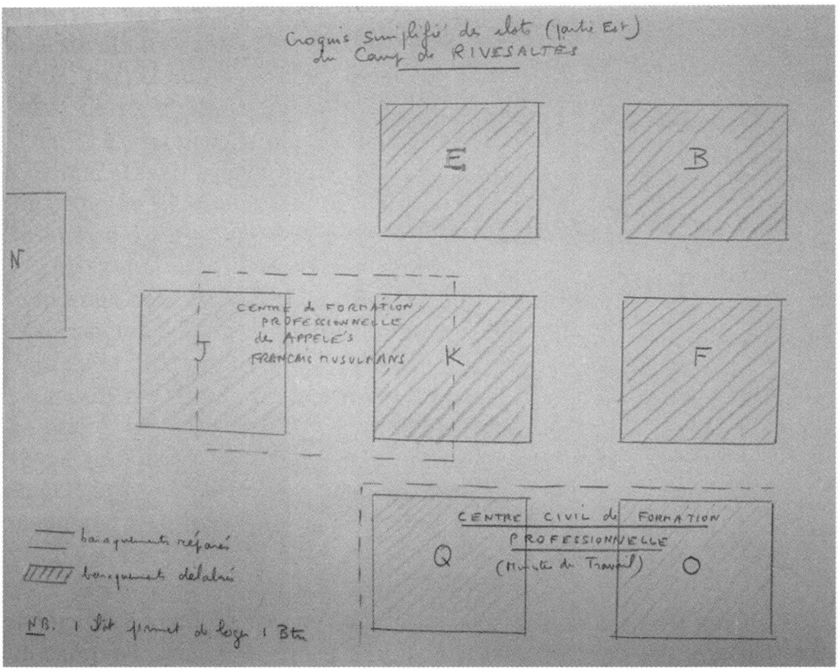


*SHD 13T286. Croquis des îlots du camp de Rivesaltes (partie est), répartis entre le CMFP et le CFPA.*

## Des appelés métropolitains en Algérie aux appelés algériens à Rivesaltes

Lorsque la Guerre d'Algérie débute, le camp de Rivesaltes est utilisé pour envoyer les troupes françaises, majoritairement des appelés, avec matériels et armement, en Algérie par le biais du Centre mobilisateur n°124. Ce dernier est situé dans l'îlot M.

Son « service d'incorporation » (appelé ultérieurement « Centre Régional de Rassemblement des Recrues de Rivesaltes ») fonctionne, à partir de juillet 1954, sur l'îlot J[173]. Le Centre mobilisateur n°124 « a pour mission d'appliquer le nouveau plan de mobilisation récemment entré en vigueur. Les modalités de préparation et d'exécution de la mobilisation ainsi que les unités ou formations à mettre sur pied sont précisées par des instructions à caractère secret (...). [Il] perçoit, stocke, entretient les matériels correspondants et prépare les rappels des réservistes pour les périodes d'instruction puis participe aux incorporations du contingent »[174]. À partir du milieu des années 1950, ce sont environ 1 500 hommes qui sont envoyés tous les deux mois vers l'Afrique française du Nord (AFN) et vers les Forces françaises en Allemagne (FFA). L'îlot de commandement est utilisé pour héberger les détachements d'AFN transitant par Port-Vendres où les possibilités de logement sont très réduites. Pour le stockage du matériel, des hangars métalliques sont construits au sein des deux îlots occupés : en 1952, cinq hangars sur l'îlot M et, en 1956, deux hangars sur l'îlot J. Jusqu'aux années 1970, le centre mobilisateur est utilisé entre autre pour les unités de parachutistes, jusqu'à ce que le camp de Rivesaltes devienne un camp pour les manœuvres[175]. En 1957, le secrétaire d'État aux forces armées « Terre » demande la mise en place d'une formation professionnelle pour les appelés français de souche nord-africaine (FSNA)[176].

---

[173] Service Historique de la Défense/SHD 7U2408. Journal de marche du CM 124 du premier janvier 1954 à fin juin 1964.

[174] SHD 7U2408. Note du premier janvier 1954.

[175] Le 24e Régiment d'infanterie de marine (24e RIMA), dissous à la fin de la Guerre d'Algérie, est recrée le 1er juillet 1964. Il s'installe à la citadelle et à la caserne Joffre, et est constitué d'une grande part d'appelés du service national, jusqu'à sa dissolution définitive en 1991. On pourra consulter des témoignages sur http://pyreneescatalanes.free.fr/Thematiques/Batiments/Commentaires/campJoffre_Commentaires.php

[176] SHD 7U2408. Réunion du 4 juin 1957. Dépêche militaire n°16.759/EMA/I.E.SC du 28 septembre 1957.

Le choix du camp de Rivesaltes est effectif avec la dépêche militaire du 12 novembre 1957, dans laquelle est demandée l'ouverture d'un centre où serait dispensée une formation professionnelle d'ouvriers du bâtiment à 300 Français-musulmans appelés, à l'issue de leur période de formation élémentaire du combattant[177]. Cette formation est ensuite étendue le 16 décembre 1958 aux militaires FSNA sous-contrat. Deux autres centres sont aussi créés : le CMFP n°2 de Fontenay-le-Comte, et le CMFP n°3 d'Alençon.

En provenance de différentes unités militaires et du centre mobilisateur n°124, les personnels militaires d'encadrement rejoignent Rivesaltes le 16 décembre 1957. Il est demandé aux officiers et sous-officiers « de souche » – et dans toute la mesure du possible les hommes de troupe – d'avoir une bonne connaissance des « Français-musulmans », et qu'au moins un des chefs de peloton et un des officiers français « de souche » de chaque peloton soient arabophones[178]. Le centre militaire de formation professionnelle de Rivesaltes ouvre ses portes le 1er janvier 1958. Il constitue un corps de troupe et s'administre comme une unité militaire. Toutefois, ce centre est soumis, en ce qui concerne la gestion, aux dispositions applicables aux écoles militaires.

Les stagiaires sont affectés au centre à compter du 1er janvier 1958 et appartiennent dès lors à l'infanterie. Au nombre de 306, les premiers stagiaires sont constitués par une cinquantaine d'hommes déjà sélectionnés au mois d'octobre 1957 dans la première région militaire (Paris), et 250 autres qui sont choisis dans toutes les régions militaires de métropole parmi les appelés Français-musulmans domiciliés en Algérie au moment de leur incorporation, et qui, soit terminent leur instruction le 1er janvier 1958 (appel du mois d'août 1957), soit n'ont plus que six mois à faire. Par la suite, la sélection est faite à Vincennes pour les troupes de métropole, et à Télergma (Constantinois), Nouvion (Oranie) et Blida (Algérois) pour les troupes de la 10e région (Algérie). Ceux qui connaissent un métier ne sont pas concernés. Le choix des stagiaires est effectué par les soins des services de sélection psychotechnique du secrétariat d'État au travail et de la sécurité sociale.

Plusieurs objectifs sont à l'origine de la création des centres militaires de formation professionnelle. En premier lieu, il s'agissait de répondre aux difficultés d'incorporation des Français-musulmans sous les drapeaux. La Guerre d'Algérie voit le nombre d'appelés

---

177 SHD 7U2408. Dépêche militaire n°19.308/EMA/I.E.SC.

178 Le Commandant du centre, le chef de bataillon Cournault, parle ainsi couramment l'arabe.

augmenter sensiblement. Ensuite, l'objectif était de diminuer le nombre de militaires FSNA en service dans les unités combattantes, source d'une méfiance constante : « en leur donnant un métier, elle permettra de soustraire un grand nombre d'entre eux à l'influence du Front de Libération Nationale, à l'issue de leur service militaire »[179].

Trois dispositions sont prises concernant le CMFP n°1 : l'instruction professionnelle, l'étude de la langue française et la formation psychologique ou civique et la mise en condition physique. La formation d'ouvriers du bâtiment est dispensée pendant une période de six mois. Les programmes, établis par l'adjoint technique civil au commandant du centre, sont similaires à ceux admis par le département du Travail pour la formation professionnelle des adultes. La mise en condition physique est effective par des séances d'entraînement physique militaire sans armes (marches, parcours du combattant, etc.).

Néanmoins, c'est par son rôle dans le cadre de l'« action psychologique » que mène la France que le CMFP tient sa particularité. L'étude de la langue française et la formation psychologique ou civique sont orientées par crainte de la « subversion FLN ». D'ailleurs, dans le tract de présentation du CMFP n°1 de Rivesaltes à l'intention des FSNA qui leur est remis lors de leur arrivée, celui-ci a pour devise : « Bâtis notre pays ». L'idéologie du centre n'est pas éloignée de la guerre psychologique menée entre armée française et FLN dont l'enjeu est certes la population, mais aussi tous ces appelés ou militaires FSNA : « Engagés et rengagés en fin de contrat, appelés en fin de service, Militaires qui n'avez pas de métier, profitez de l'effort que fait la métropole, pour acquérir la profession qui vous permettra de poursuivre l'édification des Hôpitaux, des Écoles, des Usines et des Immeubles de l'Algérie de demain »[180]. Avec le plan de Constantine en Algérie, lancée à partir de 1959, l'idée est de pouvoir utiliser les ouvriers formés dans le cadre de ces réalisations (avec l'augmentation du contingent algérien, l'objectif était de former 2 000 ouvriers du bâtiment), ou dans le cadre des Sections administratives spécialisées (SAS) qui quadrillent le territoire algérien, pour rallier à la France les populations algériennes. Comme le précise une note interne de l'armée, « ces hommes devaient être des propagandistes du maintien de la France en Algérie », des « apôtres de notre politique ». Clairement, on est là dans un héritage des guerres coloniales, qui permirent à l'armée

[179] SHD 7U2408. Dépêche militaire n°19.308/EMA/I.E.SC.

[180] SHD 7T257. Tract « Centre militaire de formation professionnelle n°1. Rivesaltes ».

française de s'initier aux concepts de la « guerre subversive »[181]. La crainte d'actions subversives du FLN est présente. Conscients du « travail sur les esprits » des militants du FLN, et dans l'hypothèse de contacts à Rivesaltes ou Perpignan, les responsables du camp sont directement en relation avec la Direction de la Surveillance du Territoire et le commissariat central. Ces derniers doivent les alerter en cas de fréquentations jugées suspectes des stagiaires.

Le centre est implanté sur la partie est de l'îlot J, utilisée pour le logement et les installations nécessaires à la vie quotidienne. Les intendances sont installées dans les baraques 7, 8, 63 et 73 ; la partie commandement dans les baraques 64, 65, 66, 67 et 68. La partie ouest de l'îlot K est réservée à l'installation de toute la partie instruction technique.

En 1961, six spécialités sont dorénavant proposées : carrelage (3), briquetage (1), béton armé (5), plâtrerie (2), limousinerie (5) et enduit (1), soit au total 17 ateliers. Chaque atelier, correspondant à une spécialité, est dirigé par un moniteur civil recruté par le ministère du Travail. Le stage se déroule sur une période de 1 040 heures, soit 44 heures par semaine, se répartissant en deux heures de technologie, 5 heures de dessin et 37 heures de travaux pratiques. Les horaires en atelier sont le lundi, mardi, mercredi et jeudi de 8h à 12h et de 13h à 18h, le vendredi de 8h à 12h et de 13h à 17h. La dernière heure du vendredi et la journée du samedi sont consacrées aux douches, travaux de propreté, instruction militaire et sports collectifs.

Une caisse à outils est remise au stagiaire dès son arrivée, en fonction de la spécialité dispensée. La fin du stage est sanctionnée par un examen identique à celui des centres civils FPA et comprend une épreuve de dessin, une épreuve de travaux pratiques et une épreuve orale de technologie. Les stagiaires ayant satisfait à l'examen reçoivent le certificat de formation professionnelle pour adultes leur donnant les mêmes droits que la main-d'œuvre provenant des centres civils (ouvrier qualifié premier échelon). Ce certificat permet également une installation en tant qu'artisan.

La libération est effectuée par le centre aux dates fixées par le commandement. Un lot de vêtements civils dont un costume est remis aux libérables quittant le centre. Les stagiaires perçoivent le prêt de métropole, toutefois les soutiens de famille peuvent prétendre au bénéfice de l'allocation militaire. Le ministère du Travail se charge du

[181] SHD 7T257. Note interne, 1957. Cf. François Cochet et Olivier Dard, *Subversion, anti-subversion, contre-subversion*, Riveneuve, Paris, 2009.

placement des libérables titulaires du diplôme FPA tant en métropole qu'en Algérie.

Au moins cinq stages se sont déroulés du 1er janvier 1958 au 6 janvier 1962 avec des réussites diverses. Ainsi, durant le premier stage (janvier - 31 juillet 1958), sur 228 stagiaires, 25 soit 11 % seulement obtiennent le diplôme FPA, 140 soit 62 % obtiennent une moindre reconnaissance de validation des acquis, 68 soit 27 % n'ont mérité aucune attestation. Durant le second stage (1er septembre 1958 - fin avril 1959), sur les 275 candidats sélectionnés, 219 ont suivi les cours, 197 se sont présentés à l'examen, 160 ont obtenu le Certificat d'Aptitude Professionnelle dont 43 avec mention bien et 7 avec mention très bien.

Cependant, par lettre du 6 janvier 1962, le Premier ministre prescrit de transférer, dans les plus brefs délais, une partie du camp militaire de Rivesaltes au ministère de la Justice. Les locaux occupés par le CMFP n°1 sont évacués et les personnels militaires transférés provisoirement au centre d'Alençon. L'évacuation totale des locaux se termine le 28 février 1962. Le 1er mars 1962, le CMFP n°1 a été transféré officiellement de Rivesaltes à Alençon[182].

*CFPA de Rivesaltes. (Source : Leila Yahiaoui Tadros)*

[182] « Hier, par train spécial, le CMFP a quitté Rivesaltes pour Alençon », *L'Indépendant*, 1er mars 1962.

*Centre de formation professionnelle de Rivesaltes,*
*16 décembre 1958.*

Avec la Guerre d'Algérie, et surtout la « Bataille d'Alger », l'armée est investie de pouvoirs d'exception (loi du 16 mars 1956 sur les « pouvoirs spéciaux »). La procédure de « l'assignation à résidence » permet aux militaires d'arrêter et de détenir sans mandat les personnes interpellées, la seule condition étant d'en informer l'autorité civile. En Algérie, les personnes arrêtées sont interrogées dans des lieux dépendant uniquement de l'armée, dénommés « centre de triage ou de transit » (CTT). Les autorités militaires doivent déclarer l'arrestation des suspects dans les vingt-quatre heures, mais peuvent les interner un mois. Après ce délai, ils sont libérés ou transférés dans des camps dits « camps d'hébergement », gérés par l'autorité civile, où ils retrouvent nombre de suspects qui y ont été envoyés directement. Les détenus peuvent en être extraits pour interrogatoire par les autorités militaires ou être traduits pour jugement devant les tribunaux réguliers, le plus souvent des tribunaux militaires (dits Tribunaux permanents des forces armées ou TPFA), voire remis en liberté. Huit de ces camps existent dans le département d'Alger, dont les plus importants sont ceux de Paul-Cazelles, dans le sud (Aïn-Oussera) et de Lodi, près de Médéa (réservé aux Européens). La plupart sont condamnés pour ASEE, c'est-à-dire atteinte à la sûreté extérieure de l'État.

En France, des mesures sont parallèlement mises en place par les pouvoirs publics dans leur lutte contre les mouvements nationalistes, Front de Libération Nationale en tête[183]. Ainsi, du 1er novembre 1954 à l'automne 1955, les pouvoirs publics traitent les initiatives nationalistes algériennes en France comme autant de crimes de droit commun. De novembre 1955 à juillet 1957, le quadrillage de l'immigration et l'organisation des premiers transferts en Algérie se mettent en place. Au cours des années 1956 et 1957, la police ne cesse de prôner l'assignation à résidence des militants nationalistes algériens en métropole. La loi du 26 juillet 1957 permet finalement d'étendre à la France les dispositions fixées par la loi dite des « pouvoirs spéciaux ». Elle prévoit ainsi d'astreindre à résidence, dans des lieux fixés sur le territoire métropolitain, toute personne qui sera condamnée en application des « lois sur les groupes de combat et milices privées ».

[183] Sylvie Thénault (dir), «L'internement en France pendant la guerre d'indépendance algérienne», in *Matériaux pour l'histoire de notre temps*, BDIC, n°92, octobre-décembre 2008.

Après l'offensive du FLN en août 1958 en métropole, l'ordonnance du 7 octobre 1958 comble les « lacunes » de la loi de 1957. Sont ainsi installés progressivement en métropole quatre centres d'assignation à résidence surveillée (CARS)[184] à Mourmelon-Vadenay (Marne), Saint-Maurice l'Ardoise (Gard), Thol (Ain) et Le Larzac (Aveyron). Entre 1956 et 1962, on peut estimer à environ 10 000 le nombre de personnes soumises à des mesures d'assignation entre un et deux ans dans ces camps. Parallèlement aux CARS, il y a une multitude de centres pénitentiaires ouverts pour les membres ou sympathisants des nationalistes algériens, dont celui de Rivesaltes.

C'est ainsi que dans le cadre du retour légal de la pratique de l'internement pendant la Guerre d'Algérie, il est envisagé de réaliser un « camp d'internement » dans l'ancien camp civil. Au cœur de la Guerre d'Algérie, le projet fut abandonné, entre autres à cause des remarques du préfet soucieux de ne pas mêler soldats mobilisés, Nord-africains en formation et partisans de l'indépendance internés. Mais au sortir de la guerre le projet est repris[185]. Ainsi un centre pénitentiaire est installé dans une discrétion totale.

Par une note du 12 août 1961, le ministre des Armées, sollicité par le ministère de la Justice, recherche un camp militaire, en vue d'y installer des musulmans internés en France. Une commission réunie à l'Hôtel Matignon porte son choix sur le camp de Rivesaltes. À cette époque, il a une capacité de 10 000 places, mais est occupé dans la limite de 6 400 places car il héberge notamment le centre mobilisateur n°124 avec son matériel et son armement, le centre de rassemblement de recrues en partance pour l'AFN, et un centre de formation professionnelle d'adultes nord-africains dépendant du ministère du Travail.

Le général d'Armée Le Puloch, chef d'État-major de l'armée, au départ réticent à cette initiative, souligne ainsi au ministre des Armées que si le camp dispose actuellement d'un nombre de places suffisant pour héberger les détenus, « il me semble qu'il serait inopportun, et même dangereux, d'installer tous ces internés à proximité immédiate du centre de formation professionnelle des Nord-africains, d'autant plus que la configuration des lieux ne permettrait que difficilement d'isoler l'un de l'autre »[186]. Il préférerait ainsi que le ministre de la Justice choisisse d'autres camps plus adéquats.

---

[184] Parfois aussi appelés « centres de séjour surveillé ».

[185] ADPO, 1419W109, rapport du préfet des Pyrénées-Orientales sous tampon « très secret », 12 décembre 1957, 3 p.

[186] ADPO, 1182W1.

Néanmoins, par courrier en date du 6 janvier 1962, le Premier ministre prescrit de transférer dans les plus brefs délais une partie du camp militaire de Rivesaltes au ministère de la Justice, du fait de l'insuffisance actuelle des établissements pénitentiaires. Cette mesure a des répercussions sur le CMFP n°1 puisque les personnels militaires sont transférés provisoirement sur Alençon, dans les bâtiments du quartier Lyautey. Les représentants du ministère de la Justice effectuent d'ailleurs une visite au camp le vendredi 19 janvier 1962. À cet effet, les plans d'aménagement des îlots J et N sont établis entre octobre 1961 et février 1962. L'administration pénitentiaire souhaite l'utilisation des îlots N, J, K et F du camp de Rivesaltes. L'îlot N (bâtiments 1 à 92) est inoccupé et doit servir au logement des unités qui assurent la garde extérieure du camp ainsi que du personnel pénitentiaire chargé de sa surveillance intérieure et de sa gestion. L'îlot J (bâtiments 1 à 85), récemment occupé par le centre militaire de formation professionnelle, est, quant à lui, immédiatement utilisable, et doit servir de camp de détention. Le ministère de la Justice préconise d'envoyer les premiers détenus dès le 12 février 1962, date à laquelle l'enceinte doit être construite. D'ailleurs, les travaux ont déjà débuté à partir du lundi 22 janvier. Ce qui, selon les services de l'armée, a eu des « incidences psychologiques graves » auprès des stagiaires FSNA. Le ministre des Armées aurait préféré que les travaux se fassent après le départ de ces derniers. L'îlot K (bâtiments 1 à 85) comprend des bâtiments en bon état et d'autres bâtiments en mauvais état, après aménagement, il doit servir lui aussi comme camp de détention. Enfin, l'îlot F (bâtiments 1 à 85), après remise en état, doit aussi servir de camp de détention, le cas échéant.

À partir de février 1962, le camp de Rivesaltes se transforme conséquemment en centre pénitentiaire géré par le ministère de la Justice. Les prisonniers l'intègrent entre le 9 mars et le 18 avril. En transitant par la gare de Rivesaltes ou l'aéroport de la Llabanère[187], les convois arrivent tous les jours en provenance de Fresnes, de Douai, de Châteauroux.... Le registre d'écrou comptabilise 527 prisonniers, dont 487 sont des Français musulmans – soit 92,4 %. Parmi ceux-ci, les peines de mort commuées représentent 12,1 % des cas. Les motifs de condamnation sont avant tout l'atteinte à la sûreté extérieure de l'État, l'assassinat et la tentative d'assassinat, l'association de malfaiteurs.

[187] « 40 détenus Nord-africain arrivent au camp de Rivesaltes », *L'Indépendant*, 9 mars 1962 ; « Arrivée par avion à Perpignan de détenus algériens » et « Arrivée de prisonniers nord-africains à la Llabanère », *L'Indépendant*, 14 mars 1962.

En revanche, les prisonniers d'origine européenne relèvent de la petite délinquance, étant surtout condamnés pour vols. Une note de la Direction générale de la Sûreté Nationale reconnaît le statut particulier du lieu en affirmant qu'il a pour mission le regroupement des « Nord-Africains condamnés pour activités antinationales »[188]. Pour assurer l'encadrement et la surveillance, le centre pénitentiaire compte 28 surveillants et 330 CRS à la mi-mars. Les prisonniers algériens logent à 50 par bâtiments, et dorment sur des lits superposés. Il y a un WC pour 50 personnes et un réfectoire pour 200. Douches et lavabos se situent à l'extérieur.

Malgré le passage trois fois par semaine d'un médecin militaire, il y a un besoin aigu de médecins et d'infirmières. Ainsi, en collaboration avec le service social du centre pénitentiaire de Rivesaltes, la Cimade obtient du ministère de la Justice l'autorisation d'y envoyer une équipe : Christiane Malo, assistante sociale, Geneviève Girardot, infirmière, et deux docteurs qui se succèdent et partagent la vie du camp de la mi-mars jusqu'au jour du départ des derniers détenus[189]. Geneviève Girardot décrit, dans une lettre rédigée lors de son arrivée au camp, la situation sanitaire et l'accueil préalable distant des Algériens détenus. Témoignage brut de cet épisode de la vie du camp, elle y exprime aussi sa vive émotion quant au fait de pouvoir soutenir ces derniers[190].

« *Cher Jacquo,*

*Nous venons de clore notre première semaine à Rivesaltes et vous avez sans doute eu beaucoup de nouvelles à la Cimade par Christiane. Aujourd'hui, temps doux et pas de pluie, c'est le premier jour sans pluie ou sans tramontane. J'ai été agréablement surprise par les questions matérielles et je suis mieux, ma chambre est plus propre et plus confortable qu'à St Jean, et on est quand même pas obligée de faire pipi derrière les camions des CRS comme on nous l'avait annoncé.*

*Les contacts avec les musulmans ont été très tendus au début. Ils étaient tout à fait insatisfaits des conditions et des installations du camp, ce qui était évidemment très sommaire. Et dès le 2e jour, les revendications ont porté sur les aménagements à apporter à l'infirmerie. Ma collègue a eu beaucoup de peine à admettre les exigences de nos*

[188] ADPO, 1182W1 et 1182W2, registres d'écrou ; ADPO, 1419W109 ; lettre du préfet à l'inspecteur général de l'Administration, sous tampon « très secret », 12 décembre 1957 ; DGSN, note 356, 22 mai 1962.
[189] Cimade, 3D14/13. Courrier du ministère de la Justice au pasteur Jacques Beaumont, 16 mars 1962.
[190] Cimade, 3D14/13. Rivesaltes, le 21 mars 1962. Courrier à Jacques Beaumont.

*frères FLN et je reconnais que malgré toute la bonne volonté, j'en ai été très froissée au début. De même que j'ai eu un geste de recul quand j'ai eu à pénétrer le premier jour dans un baraquement (dortoir) où leur méfiance et l'hostilité étaient évidentes, les portes se fermant sur mon passage. (sic) Maintenant la confiance n'est pas totale mais elle vient pour la majorité ; et avec l'infirmier diplômé et ses 3 aides-infirmiers et le médecin M., il y a une bonne collaboration. Dimanche, nous avons travaillé et organisé ensemble la visite médicale et c'était vraiment très sympathique.*

*Enfin, je deviens FLN 100 % ! ... J'espère que les lettres ne sont pas censurées car je ne sais pas comment l'administration pénitentiaire interpréterait ma déclaration...*

*Les musulmans travaillent avec une ardeur et un sens de l'organisation dans le camp, ça fait plaisir à voir. L'infirmier L. est arrivé ce matin en blouse blanche avec le croissant FLN au brassard. Nous avons à distribuer les médicaments à 60 et 100 gars par jour, plus les piqûres, plus les visites médicales. Enfin, grâce au travail d'une équipe musulmane, l'infirmerie dortoir est installée enfin une vingtaine de lits. Enfin, depuis ce matin nous avons deux lavabos en salle de bains. Tous les jours, l'installation s'améliore ce sera parfait quand ils seront tous libérés. Le couvre-feu a été accueilli avec joie des 2 côtés de la grille. La manifestation à midi a mis dans quelques transes les gardiens, mais la dignité et le calme est de règle partout chez les détenus. J'ai regardé en sortant le défilé bien rangé et la mise en place de tous les gars du camp et le silence pendant la lecture paraît-il de la déclaration de Ben Khedda. Quelques slogans non-suivis par la masse. J'ai entendu « A bas le racisme » etc... Tout s'est passé dans l'ordre.*

*Nous espérons bientôt avoir le médecin protestant attendu, car après l'accrochage de la semaine dernière où le médecin S. (qui est pourtant très bien) s'est fait traité (sic) de raciste et d'ultra parce qu'il refusait de faire opérer un gars d'une déviation de la cloison nasale, jugeant que ce n'était pas urgent, ça ne va plus du tout. Les gars sont tous sortis sur l'ordre d'un délégué.*

*Je dois partir à l'infirmerie. Je t'adresse mes salutations cordiales.*

*Geneviève*

*Je pense que tu attends ainsi qu'Étienne, de pied ferme, car les libérations ne vont sans doute pas tarder.*

*À vous aussi. Bon courage »*

Dès les Accords d'Évian proclamés, des mesures de libération sont prises. Ceux qui possèdent des attaches familiales ou professionnelles en métropole sont libérés sur place. Les détenus « acquis à la cause du FLN » condamnés en France pour des peines de quelques années de prisons souvent pour ASEE (Atteinte à la sûreté extérieure de l'État) sont ainsi progressivement libérés. Ils sont escortés par les CRS jusqu'à la gare, et un service d'ordre en gare est assuré par la police de Perpignan. Le 31 mars, 32 prisonniers sont libérés. Ils sont envoyés essentiellement vers Paris, Lyon, Marseille puis Maubeuge, La Rochelle, Nantes, Tarbes, Nice, Alès, Digne, Grenoble, Belfort ; le 1er avril, 54 libérés ; le 2 avril, 62 libérés ; le 3 avril, 48 libérés ; le 4 avril, 24 libérés ; le 7 avril, 63 libérés et le 10 avril, 41 libérés, soit au total 292 prisonniers.

Néanmoins, nombre de prisonniers algériens sont expulsés sur le territoire algérien durant plusieurs « opération de transferts » ou de « transfèrements ». Peu auparavant, dans un courrier en date du 15 novembre 1961, le président de la commission de sauvegarde des droits et libertés individuelles, M. Patin, après le rapport du conseiller Viatte qui a visité le camp du Larzac le 13 novembre, préconise que les Algériens qui n'ont pas d'attaches sérieuses en métropole, notamment les célibataires et ceux dont la famille est en Algérie, « devraient être massivement transférés en Algérie, et assignés à résidence dans leurs communes respectives »[191]. Cette proposition est soutenue d'ailleurs par le ministre de l'Intérieur, pour qui les refoulements en Algérie des internés sont justifiés, car il estime leur « présence en métropole incompatible avec les nécessités de l'ordre public ».

Ainsi sont expulsés les détenus libérés-amnistiés et indésirables, ceux considérés comme « oisifs », et les militants nationalistes trop violents (extorsions de fonds, rixes, menaces). Ces mesures d'expulsion par l'État français[192] s'expliquent aussi par la recrudescence des tensions et violences au sein de l'immigration algérienne en France durant cette période pré-indépendance : accentuation du contrôle du FLN sur les Algériens de France, poursuite du conflit entre le FLN et le MNA, tensions avec les forces de l'ordre, règlements de comptes avec les « récalcitrants » (cotisations, respect des interdits), avec ceux qui auraient « trahi » ou dénoncé en France durant la guerre (mise en place de tribunaux FLN), avec les premiers anciens supplétifs réfugiés

[191] CAC 19910467/3.

[192] CAC 19910467/1. Courriers des préfets départementaux au ministre de l'Intérieur sur la situation de la migration algérienne en 1962 après les Accords d'Évian.

en France ou militaires algériens engagés dans l'armée française. Les modalités des transferts de la métropole vers l'Algérie étaient déjà régies par une circulaire du 10 juin 1961[193] sur l'exécution des transfèrements administratifs par les fonctionnaires des Compagnies Républicaines de Sécurité. Les transférés sont ainsi escortés par des CRS et des gardiens. Ils partent soit par avion, soit par train (souvent en queue ou en tête de train) jusqu'à Marseille. Ils sont ensuite transportés par bateaux (Ville de Tunis, Ville de Marseille, Ville de Bordeaux, Kairouan, Sidi-Okba, El-Djezair) vers les ports d'Oran, d'Alger, de Philippeville/Skikda pour être renvoyés dans leurs localités. À partir des Accords d'Évian, les « opérations de transfert en Algérie » devenant massives, le décret n°62-327 du 22 mars 1962 et l'ordonnance du 15 avril 1962 sur l'amnistie encadrent ces procédures.

Selon le registre d'écrou des prisonniers algériens à Rivesaltes, les transferts vers l'Algérie s'effectuent les 9, 14, 25 et 27 avril et le 2 mai 1962, avec un total de 212 transférés. Si, pour les pouvoirs publics français, l'accélération des transferts permet de tourner rapidement la page d'une guerre qui ne disait toujours pas son nom, les responsables du FLN et de la Cimade, chargés de l'encadrement social des prisonniers libérés, dénoncent des conditions de libération et de transfert injustes. Dans un communiqué à *Algérie presse services* (APS), le FLN précise, en prenant l'exemple du Larzac où sur 5 000 Algériens internés administratifs, 500 seulement ont été libérés sur le territoire français, que « tous les autres ont été envoyés en Algérie dans des conditions inhumaines, entassés dans les cales des bateaux sans que les services sociaux du Croissant rouge et du FLN, malgré leurs demandes réitérées, aient pu leur donner les secours nécessaires en vêtements et en argent sauf au dernier moment, pour environ 900 d'entre eux ». Il dénonce le fait qu'il n'est pas tenu compte des attaches familiales ou professionnelles conduisant ainsi à des « transferts arbitraires qui provoquent une vive tension dans les prisons et même parfois des incidents. De nombreux détenus refusent de partir pour l'Algérie sans aucune garantie et demeurent en prison malgré leur libération théorique »[194]. Les équipiers de la Cimade décrivent tout autant une situation jugée trop largement improvisée :

« *Alors commencèrent les libérations de prisonniers. Un grand nombre d'entre eux devait être transféré en Algérie. Pour ceux-là*

[193] CAC 19910467/3. Ministère de l'Intérieur, direction générale de la sûreté nationale, sous-direction des compagnies républicaines de sécurité, 2e section. Circulaire n°300, Jean Verdier, directeur général de la sûreté nationale.

[194] *L'Indépendant*, 17 avril 1962.

*rien n'ayant pu être mis sur pied en Algérie, la Fédération de France voulait que chaque homme ait en entrant dans la vie libre, un pécule (15 000 AF) et des vêtements neufs. Comme un certain malaise régnait encore (questions de susceptibilité ou de contacts encore peu admis), le ministère de la Justice a préféré que la Cimade se charge au nom des Algériens de ces distributions.*

*Nous étions avertis de ces transferts par le ministère – généralement la veille – et il fallait obtenir les renseignements sur le chiffre des détenus libérés, les tailles des hommes, etc. Il fallait acheter vêtements et chaussures et combiner ces voyages, soit en voiture, soit par train. Étienne, Jako, Helena, Elia Perroy, Jacqueline Peyron, etc. ont ainsi additionné un nombre impressionnant de kilomètres.*

*C'est ainsi que du jour au lendemain, nous allions de Reims à Toulouse ou de Lille à Bordeaux. À Marseille, Lyon, Strasbourg et Lille, les comités d'accueil se chargeaient de ce travail. Il y eut ainsi des randonnées mémorables.*

*Les contacts avec les responsables algériens (nous en avons vu qui étaient emprisonnés depuis 17 ans) ont été extraordinaires de cordialité et il est remarquable d'avoir pu constater la sérénité de ces hommes pour lesquels tant de problème se posaient et chez qui tant de rancœur aurait pu s'accumuler.*

*Jacques est allé lui-même au Larzac pour la libération de 3 000 détenus, qui ont presque tous été envoyés en Algérie, sauf une centaine, sans que l'on tienne compte de ceux qui avaient en France, femme, enfants, logement, travail. Après deux heures de discussion, il n'a pu voir qu'un seul des responsables algériens et dans des conditions qui mériteraient d'être rapportées* »[195].

En mai 1962, plusieurs possibilités d'utilisation du camp de Rivesaltes, alors en cours d'évacuation, sont proposées comme la création d'un centre pénitentiaire pour jeunes délinquants ou l'accueil d'un régiment de tirailleurs algériens. Le 3 mai 1962, le commandant Talmon précise qu'il « semble donc que le moment soit favorable pour tenter de récupérer le camp de Rivesaltes. Il faudra, en effet, occuper les lieux dès le départ de l'administration pénitentiaire »[196]. Dans une note du 21 mai 1962 signée de Pierre Messmer pour le général d'armée aérienne, chef de l'État-major interarmées, « une démarche est entreprise dès maintenant par le cabinet du ministre auprès du ministre de la

[195] Cimade, 3D14/4. Rapport du service nord-africain, septembre 1962.
[196] SHD 13T286.

Justice, garde des Sceaux, pour que le camp de Rivesaltes soit remis à la disposition des Armées »[197], le but étant d'accueillir les tirailleurs FSNA de carrière ou sous-contrat, actuellement en Algérie et qui désirent ne plus servir sur ce territoire après le scrutin d'autodétermination.

[197] SHD 13T286.

*Embarquement des familles de harkis à bord du paquebot Pumier, port de Bône (Annaba), novembre 1962.*
*©ECPAD/France/1962/Photographe inconnu.*

La signature des Accords d'Évian, le 18 mars 1962, et proclamés le lendemain, marque le début de mouvements migratoires de grande ampleur entre l'Algérie et la France[198]. À l'exode de centaines de milliers de Français d'Algérie, qualifiés dorénavant de pieds-noirs, s'ajoute l'arrivée de milliers de réfugiés algériens, engagés militaires ou anciens supplétifs qui fuient la perspective de représailles en Algérie[199]. Durant le mois de juin 1962, le Premier Régiment de tirailleurs algériens (1er RTA) est rapatrié au camp Joffre. Il a emporté avec lui plusieurs centaines de civils, femmes et enfants.

Le général Le Puloch, chef d'État-major de l'armée, par courrier du 5 mai 1962, informe le ministre des Armées que le transfert en métropole d'unités de tirailleurs FSNA pose un véritable problème de casernement. Pour y remédier, la voie semble repasser par Rivesaltes : « La solution de ce problème serait facilitée si je pouvais, écrit-il, de nouveau, disposer du camp de Rivesaltes, car ce camp convient parfaitement par sa situation climatique au stationnement d'unités nord-africaines »[200]. Le ministère de la Justice, en possession du camp depuis février 1962, accepte. Par courrier du 21 mai 1962, le général de Segonzac, délégué du ministre des Armées pour les centres de formation professionnelle et les centres de jeunes, demande au général d'Armée, chef d'État-major de l'Armée de Terre, de ne pas détruire les installations de 35 baraques aménagées en vue de constituer des ateliers pour la formation professionnelle, afin de les utiliser pour les tirailleurs.

Ainsi, dans le cadre du plan de rapatriement des troupes françaises d'Algérie, 658 personnes, membres des familles des 797 militaires du 1er RT qui sont envoyées à Rivesaltes le 13 juin 1962[201] ; le 27 juin, 400 autres personnes rattachées au 1er RT embarquent à Alger sur le navire

198 Si les ouvrages de référence sur les harkis ne manquent pas, la période du camp de Rivesaltes après la Guerre d'Algérie reste très peu travaillée. Joël Mettay a traité la période en s'appuyant essentiellement sur la presse, et l'ouvrage de Violette Marcos et Juanito Marcos est marqué par de nombreuses erreurs historiques et des confusions dues à l'absence d'une recherche scientifique s'appuyant sur des sources d'archives.

199 Abderahmen Moumen, « Violences de fin de guerre. Les massacres des harkis après l'indépendance algérienne (1962-1965) », in Marie-Claude Marandet (sd), *Violence(s) de la Préhistoire à nos jours. Les sources et leur interprétation*, Presses Universitaires de Perpignan, 2011, pp. 331-346.

200 SHD 13T286.

201 « Le 1er régiment de tirailleurs algériens débarque à Port-Vendres pour s'installer au camp de Rivesaltes », *L'Indépendant*, 13 juin 1962.

« le Cheliff » pour Rivesaltes ; en août 1962, suivent environ 1 600 autres ; le 24 août, 325 tirailleurs du 5e RT accompagnés de 21 femmes et 40 enfants doivent arriver à Port-Vendres, un second détachement doit les suivre le 26 août avec 260 tirailleurs du 3e RT accompagnés de 24 femmes et 22 enfants. La plupart de ces tirailleurs, accompagnés de leurs familles, sont ensuite affectés dans diverses unités militaires comme à Niort, à Saint-Maixent et à Amiens.

Au 1er septembre 1962, alors que des familles de ces tirailleurs sont encore dans le camp de Rivesaltes, l'arrivée des anciens supplétifs et leurs familles se précise. Le ministère des Armées préconise alors que le personnel des troupes de la 40e compagnie de camp chargée de l'encadrement des nouveaux « réfugiés musulmans », soit pris en priorité parmi ces tirailleurs. Ainsi, jusqu'au 4 octobre, les militaires sous contrat doivent être transférés à Rivesaltes, et à partir du lendemain au camp du Larzac. À la date du 9 octobre 1962, 486 hommes de troupe et 217 sous-officiers issus de toutes les armes sont présents au camp de Rivesaltes et recensés par la 40e compagnie de camp. À cette même date, 118 accompagnés de leurs familles et 115 non accompagnés sont répartis dans différentes unités. Au 10 novembre 1962, le général commandant la 9e région militaire signale la présence de 175 sous-officiers FSNA sous contrat transférés d'Algérie au camp de Rivesaltes. Parallèlement au rapatriement des tirailleurs algériens et leurs familles, se produit un mouvement migratoire de plus grande ampleur avec les départs d'Algérie des anciens supplétifs de l'armée française, plus connus sous le terme générique de « harkis ».

Ces harkis ne sont en réalité qu'une composante dans l'ensemble des formations supplétives (les goumiers, les *moghaznis*, les *'assas* et les groupes d'autodéfense) mises sur pied pour suppléer l'armée française durant ce conflit. Depuis 1962, ce terme s'étend, bien maladroitement, à l'ensemble de ceux qui se sont placés du côté de l'armée ou du gouvernement français, soit environ 250 000 personnes en février 1961[202]. Il est cependant difficile de quantifier avec exactitude

[202] SHD, 1H2538. En février 1961, le nombre de FSNA (Français de souche nord-africaine), appellation de l'époque, est estimé à environ 250 000 personnes, réparties entre 217 000 Algériens dans l'armée régulière ou supplétifs (57 000 harkis, 9 100 GMS (gardes mobiles de sécurité), 19 450 *moghaznis*, 65 850 gardes d'autodéfense dont 29 270 armés répartis en 2 107 groupes et 65 600 appelés et engagés ; et environ 33 000 Algériens inscrits dans la vie politique et l'administration (46 députés sur un total de 67 pour l'Algérie, 350 conseillers généraux sur un total de 452, 11 550 conseillers municipaux sur un total de 14 000 et 20 000 fonctionnaires dont un ministre, un préfet et plusieurs sous-préfets).

le nombre d'Algériens ayant eu le statut de supplétifs durant toute la durée de la guerre d'indépendance, du fait des fluctuations incessantes des engagements/enrôlements au sein de ces unités. Seuls les crédits impartis et quelques notes relatives à ces formations peuvent nous fournir une indication du nombre de supplétifs durant la Guerre d'Algérie, entre 200 000 et 400 000 selon François-Xavier Hautreux[203] ou entre 300 000 et 500 000 hommes selon Gilles Manceron[204]. Il s'agit néanmoins d'un phénomène massif qui touche l'ensemble de la paysannerie algérienne.

La proclamation des Accords d'Évian constitue ainsi le prélude au passage dans des espaces de confinement d'une partie de ces familles qui réussissent à se réfugier en France. Les camps de regroupement en Algérie sont la première étape par laquelle les familles transitent avant leur transfert en France. Certaines sont auparavant rassemblées dans des lieux protégés, pour éviter les exactions de combattants de l'Armée de Libération Nationale ou des « résistants de la 25e heure ». Les premiers camps que connaissent véritablement les familles d'anciens supplétifs, dans cette nouvelle situation proche de celle de réfugiés, sont d'abord en Algérie avant le départ : Tefeschoun ou Zéralda, à proximité d'Alger, ou Mers el-Kébir en Oranie, évoquant déjà les premiers espaces de transit. Les pouvoirs publics français, gouvernement et autorités militaires, avaient mésestimé la question. Ils considéraient que ne devaient arriver en France qu'environ 10 000 « musulmans menacés », anciens supplétifs et familles essentiellement, et quelques familles de civils et notables, d'autant plus que des circulaires visaient à limiter, si ce n'est interdire, la venue de ces hommes et de leurs familles en France[205]. Ceux qui auraient été acceptés devaient être envoyés dans des camps de transit et de reclassement pour être ensuite disséminés dans tout l'hexagone durant l'été.

En conséquence, le gouvernement sollicite le ministère des Armées pour aménager des camps militaires en camps de transit et de reclassement pour quelques milliers de personnes sur le territoire métropolitain. Le camp du Larzac (Aveyron) ouvre ainsi ses portes le

---

203 François-Xavier Hautreux, « Quelques pistes pour une meilleure compréhension de l'engagement des harkis (1954-1962) », in *Les Temps Modernes*, n°666, novembre-décembre 2011, p.46.

204 Gilles Manceron, « Un abandon et des massacres aux responsabilités multiples », in *Les Temps Modernes*, n°666, novembre-décembre 2011, p. 67.

205 Abderahmen Moumen, « La notion d'abandon des harkis par les autorités françaises », in Fatima Besnaci-Lancou, Benoit Falaize, Gilles Manceron (sd), *Les Harkis. Histoire, mémoire et transmission*, L'Atelier, 2010, pp. 47-62.

15 juin 1962 (jusqu'au 15 octobre), mais devant l'afflux de réfugiés, un deuxième camp est ouvert à Bourg-Lastic (Puy-de-Dôme, 24 juin – 25 septembre). Très rapidement, ce sont déjà plus de 10 000 réfugiés qui sont regroupés dans ces camps[206].

La fermeture rapide de ces camps ne se déroule cependant pas selon les prévisions du secrétariat d'État aux Rapatriés du fait des flux continuels de réfugiés, des lenteurs dans le reclassement causées par l'insécurité des anciens supplétifs menacés par des membres du FLN, des réticences des employeurs ou de certains syndicats, des difficultés de logement, et de l'afflux massif des « rapatriés européens d'Algérie » mettant au second plan celui des « rapatriés musulmans »... Ne pouvant maintenir des milliers de familles pendant l'hiver rigoureux de l'Auvergne ou de l'Aveyron, les camps du Larzac et de Bourg-Lastic ferment leurs portes durant les mois de septembre et octobre 1962. Les familles sont finalement transférées à Saint-Maurice l'Ardoise (Gard, 29 octobre 1962 - premier décembre 1963)[207] et surtout Rivesaltes (septembre 1962 - 31 décembre 1964)[208], dans un contexte d'urgence, de méfiance et d'interrogations sur le devenir de ces « réfugiés musulmans ».

Le 12 septembre 1962, les premières familles, environ 250 hommes, 60 femmes et 120 enfants, en provenance du camp de réfugiés de Tefeschoun (Algérie) et via Marseille, arrivent en gare de Rivesaltes, puis sont dirigées vers le camp de Rivesaltes[209]. Pour le journaliste de *L'Indépendant* qui assiste à la scène, ce « débarquement ne manquait pas de pittoresque. On pouvait voir des femmes assises par terre, autour de leurs valises et de leurs ballots ; habillées de longues robes multicolores et la tête couverte de larges voiles blancs. Les hommes discutaient entre eux, attendant patiemment que l'on donne le signal du départ et des enfants aux cheveux teints au henné se promenant d'un groupe à l'autre »[210]. Puis suivent des familles en provenance

[206] À la date du 19 juillet 1962, 11 486 personnes sont hébergées dans ces deux camps : 5 894 au Larzac et 5 592 à Bourg-Lastic.

[207] Les civils non-supplétifs sont envoyés au camp de La Rye-Le Vigeant, dans le département de la Vienne. Enfin, en 1963, le camp de Bias (Lot-et-Garonne, janvier 1963 - 1964) ouvre ses portes pour accueillir les anciens supplétifs célibataires, en formation professionnelle puis ceux considérés comme difficilement reclassables.

[208] C'est lors de la réunion du 13 septembre 1962 au ministère des Armées et avec les représentants du secrétariat d'État aux Rapatriés, que le colonel Buffenoir donne son accord sur l'occupation en priorité du camp de Rivesaltes.

[209] « 400 harkis arrivent à Rivesaltes », *L'Indépendant*, 13 septembre 1962.

[210] « 250 harkis, 60 femmes et 120 enfants sont arrivés hier à Rivesaltes et ont été installés au camp. Ils constituent le premier contingent », *L'Indépendant*, 13 septembre 1962.

du camp de Bourg-Lastic qui s'échelonnent du 14 au 22 septembre 1962[211] : 14 septembre : 1220 personnes ; 16 septembre : 895 personnes ; 18 septembre : 799 personnes ; 20 septembre : 610 personnes ; 22 septembre : 945 personnes. Certains débarquent directement à Port-Vendres, comme le 18 septembre 1962 avec ces centaines d'anciens harkis accompagnés de leurs familles, à bord du « Djebel-Dira » et en provenance de Mers el-Kébir[212].

[211] SHD 7T253. Courrier du ministre des Armées aux commandants des 5e, 8e et 9e région militaire, 11 septembre 1962, 5 pages. Au 30 août 1962, le camp de Bourg-Lastic compte 5 083 anciens supplétifs et membres de leurs familles.

[212] « Venant d'Algérie, les cargos Tobla et Djebel-Dira ont débarqué à Port-Vendres de nombreux rapatriés et des centaines de harkis avec leurs familles », *L'Indépendant*, 19 septembre 1962.

*L'arrivée des familles d'anciens supplétifs à Rivesaltes.*
*© Jacques Barde*

## Les harkis : réfugiés algériens ou Français rapatriés ?

Dès l'arrivée des familles d'anciens supplétifs, le problème se pose, surtout à l'échelon local, de la dénomination de cette population. Quel est leur statut ? Réfugiés ou rapatriés ? Algériens ou Français ? Théoriquement les anciens supplétifs et leurs familles sont considérés, officiellement par les pouvoirs publics, comme des rapatriés mais certains faits rendent difficile la définition de cette population : les étapes fluctuantes de leur venue en France, le contexte particulier, les mesures d'exception au regard de la législation sur les rapatriés, interpellent quant à la pertinence de l'application de cette terminologie. Ces rapatriés, publiquement à part entière (mais que les pratiques administratives des pouvoirs publics classeraient plutôt entièrement à part), sont, par certains aspects, à la lisière de la situation de réfugiés. Les termes employés dans les archives des ministères de l'Armée, de l'Intérieur ou du secrétariat (puis du ministère) chargé des Rapatriés accentuent le flottement sémantique concernant ces « musulmans » : transfert, repliement, rapatriement ; hésitant souvent entre « rapatriés musulmans » et « réfugiés musulmans ». Dans les diverses correspondances et autres rapports statistiques, ils sont nommés comme réfugiés musulmans, réfugiés harkis, musulmans harkis, musulmans réfugiés, musulmans rapatriés, voire pour certains, afin d'éviter toute erreur, « musulmans algériens harkis ». Poursuivant en cela les catégorisations effectuées dans la presse qui tantôt incorporent les harkis dans des articles ayant trait aux rapatriés, parfois dans d'autres consacrés à l'afflux de la main-d'œuvre algérienne en France.

À la différence des autres rapatriés, les « musulmans rapatriés » de statut de droit local doivent effectuer une procédure de recognition de la nationalité française afin de pouvoir bénéficier du statut de rapatriés. Pour permettre les souscriptions de déclaration de nationalité française, le ministre des Rapatriés demande aux chefs de camps « de ne laisser partir aucun harki pendant la durée des fêtes et jusqu'au 8 janvier ». Le juge d'instance de Perpignan se déplace d'ailleurs directement au camp et officie dans une salle du mess des officiers[213]. Il est accompagné d'un greffier et de trois secrétaires, qui voient ainsi défiler plusieurs centaines de personnes par jour. Quatre tirailleurs rendent les honneurs afin de rendre cet instant… solennel. Lakhdar, ancien supplétif qui

[213] « À Rivesaltes : 10 000 Français de plus », *L'Indépendant*, 1er janvier 1963.

réside à l'îlot 5, raconte néanmoins le désarroi qu'il a ressenti lorsqu'il a dû effectuer cette démarche : « J'avais commencé par refuser d'aller devant le juge pour avoir la nationalité française. Lorsque j'avais dit (au chef de l'îlot) que j'étais déjà français puisque l'on nous appelait français musulman, il m'avait répondu : "il ne faut pas croire tout ce que l'on vous dit" »[214]. Quelques-uns ont refusé d'effectuer cette démarche et ont préféré vivre en France comme travailleurs algériens. Au 31 juillet 1964, le camp de Rivesaltes a enregistré 7335 demandes de recognition de la nationalité française (5262 dans les autres camps, total général : 12597). Lors des mariages, à défaut de pièces d'identité (ils sont qualifiés de « présumés français » jusqu'à leur demande de recognition de la nationalité française), un « certificat de notoriété » est exigé. Les autorités ont quelques difficultés à imaginer une politique adéquate d'intégration.

Face aux réticences préalables du ministère des Armées à prêter une partie de son domaine militaire au secrétariat aux Rapatriés, les mesures d'urgence ne sont pas prises pour accueillir ces milliers de réfugiés. Ainsi, la première compagnie du régiment du Génie qui devait aménager le camp de Rivesaltes et surtout procéder à la construction de baraquements, n'y est envoyée qu'après la fin de leurs manœuvres soit le 15 octobre, bien après les premières arrivées[215]... Dès lors, c'est sous les tentes que les familles doivent affronter l'hiver et les bourrasques de la tramontane. En provenance de la région de Cherchell, et arrivée en novembre 1962, Achoura, épouse d'un ancien supplétif, se souvient ainsi des premiers mois dans le camp : « Mon premier séjour en France a eu lieu dans le camp militaire de Rivesaltes près de la frontière espagnole. Je me souviens des grandes tentes militaires en plein hiver.

---

[214] Fatima Besnaci-Lancou, *Treize chibanis harkis*, Tirésias, 2006, p. 15.

[215] Les travaux se déroulent en plusieurs tranches : réfection et aménagement de 231 baraques dans une partie des îlots E, B et F avec l'aménagement de 1 100 cellules d'habitation : réfection des toitures en amiante ciment et en tuiles, cloisonnement intérieur en panneau en bois préfabriqués, l'ouverture de portes, la mise en place de cloisons, l'installation d'un conduit de fumée par cellule, plus la peinture et la vitrerie ; dans une seconde tranche, les îlots Santé et une autre partie des îlots F et Q avec l'aménagement de 300 cellules d'habitation et l'installation électrique intérieure dans l'ensemble des 1 400 cellules. Ensuite, il s'agit de l'aménagement d'écoles de l'îlot Mangin : aménagement de 22 salles de classe (sera ensuite ajouté 4 salles de classe), d'un bâtiment administratif, la clôture du terrain réservé aux écoles, remise en état des WC existants, installation de lavabos collectifs. Le programme de travaux le plus important consiste en la réfection et l'aménagement des îlots vétustes pour le logement en dur des ex-supplétifs. Ce programme prévoit ainsi l'aménagement de 1 400 cellules d'habitation. Les dernières unités du Génie partent en mars 1963.

Nous campions là au milieu d'une terre aride. C'est une région qui est balayée par le vent. La faim nous importait peu. Nous souffrions surtout de l'isolement et du froid. Heureusement, nous avons pu être par la suite logés dans des baraques en dur. Nous avions une pièce par famille. Là j'ai vu des milliers de personnes de toutes les régions d'Algérie »[216].

Une véritable ville de près de 10 000 personnes pousse en quelques jours à proximité de Perpignan, devenant la deuxième « ville » du département. Le 23 octobre 1962, le camp de Rivesaltes compte 9 620 personnes dont 4 660 enfants (45 naissances par mois[217]), 1 910 femmes et 3 050 hommes[218]. Les structures d'encadrement du camp ne se mettent en place que progressivement. Le ministère des Rapatriés est chargé du reclassement des harkis, tandis que le ministère des Armées a la responsabilité de l'hébergement. Sous l'encadrement de la 40e compagnie de camp[219], le camp de Rivesaltes est divisé en dix villages (soit environ 1 000 personnes par village), sous la responsabilité d'un capitaine et deux adjoints (un lieutenant et un « Musulman »), puis en quartiers avec un sous-officier et un « adjoint musulman », eux-mêmes répartis en baraquements (entre 6 et 10). Chaque baraquement, géré par un chef, est réparti entre sept familles, avec une pièce principale chacune. Les familles sont parfois regroupées selon les régions d'origine. Certains anciens supplétifs sont d'ailleurs sollicités pour participer à la gestion du camp ou sont rémunérés pour effectuer des travaux d'entretien : chaulage des bâtiments, peinture intérieure des logements, entretien des routes et fossés... Un centre médicosocial, constitué de personnels féminins de l'armée de terre et d'infirmières est constitué dans chaque village.

---

216 Fatima Besnaci-Lancou, *Nos mères, paroles blessées. Une autre histoire de harkis*, Zellige, 2006, p. 105.

217 La francisation des prénoms est d'ailleurs fortement appliquée par certains responsables ou personnels d'encadrement afin, officiellement, de faciliter leur intégration en France.

218 Pour comparaison, le camp de Saint-Maurice l'Ardoise compte environ 3 500 personnes à cette même date.

219 La 40e compagnie de camp est créée pour encadrer le camp par la dépêche militaire du premier septembre 1962. Les effectifs « hommes de troupe » de la 40e compagnie de camp comprennent initialement une forte proportion de personnels sous contrat (143 sous contrat FSNA contre 64 appelés FSE), afin de permettre à des militaires FSNA une affectation à Rivesaltes, où des possibilités de logement existent pour un nombre important de chefs de famille. Le général commandant la 9e région militaire demande cependant le renforcement en personnel « français de souche européenne » (FSE)… La 40e compagnie de camp de Rivesaltes est dissoute le 31 décembre 1965 après avoir géré l'arrivée des militaires guinéens.

Côté catalan, l'arrivée de ces milliers de familles dans la petite bourgade de Rivesaltes attire des réactions qui sont souvent induites par le positionnement quant à la Guerre d'Algérie. *Le Travailleur catalan*, journal local du Parti Communiste Français, effectue une vigoureuse campagne de presse hostile de septembre à novembre 1962. Il dénonce l'installation d'un camp de transit à Rivesaltes qualifié de « dépotoir » et désigne les anciens supplétifs comme des « mercenaires », des « hommes à tout faire », voire des « racailles »[220]. Les titres des articles parlent d'eux-mêmes: « Rivesaltes à l'heure des harkis »; « Pas de villages de toile à Rivesaltes »; « Rivesaltes. Que compte faire le conseil municipal pour nous débarrasser des harkis »; « Rivesaltes aura-t-elle une municipalité harki? ». Si le discours anti-impérialiste paraît ici recouvrir en partie une péjoration quant à une promiscuité ethno-nationale, de son côté l'extrême droite use de la situation pour, encore et toujours, fustiger le gaullisme. Par exemple, André Figueras évoque ces harkis qui « sont destinés à être empilés dans ces misérables camps du Larzac et de Rivesaltes que l'autorité militaire a déclaré leur être destinés, mais de l'aménagement desquels elle se désintéresse avec une inhumanité sans seconde »[221]. Certains trouvent des raisons personnelles de s'accommoder: un trafic organisé par un viticulteur détourne une partie des vivres destinées au camp[222].

La méfiance vis-à-vis de cette population est surtout de mise lors de l'installation du camp, puis la suspicion s'amenuise au fil du temps. La question sécuritaire autour de ces familles est extrêmement présente dans les premiers mois, dans un contexte particulier où les anciens supplétifs sont menacés sur le territoire français par des militants du FLN. La Fédération de France du FLN surveille, fiche, renseigne toute arrivée d'Algériens inconnus, à la recherche d'anciens supplétifs. La Fédération – ou par la suite des groupes d'opposition au président Ben Bella – tente parfois de les contacter, en misant en vain sur les mécontentements que provoquent chez eux leurs piètres conditions d'hébergement et de subsistance, afin de les récupérer. En même temps que soumis à une protection particulière, les anciens supplétifs sont par ailleurs suspectés d'une possible collusion, voire de récupération, de la part de l'OAS, qui poursuit ses actions en France, afin d'assassiner ceux qui ont « liquidé » l'Algérie française, Charles de Gaulle en tête. Ainsi,

[220] *Le Travailleur catalan*, 22 septembre 1962; 29 septembre 1962 ; 6 octobre 1962 ; 13 octobre 1962 ; 3 novembre 1962.

[221] *Le Charivari*, novembre 1965, n°55.

[222] ADPO 1419W109, Gendarmerie de Perpignan au préfet des Pyrénées-Orientales, 8 décembre 1962.

les anciens supplétifs se retrouvent dans une situation paradoxale où les pouvoirs publics les surveillent par méfiance, tout en les protégeant. À l'automne 1962, un rapport des Renseignements Généraux décrit ainsi l'esprit qui règne chez les 8 000 harkis du camp de Rivesaltes, et, en creux, la manière dont les pouvoirs publics les appréhendent : « Ils sont mécontents d'être logés dans de très mauvaises conditions et en outre de ne pas percevoir de subsides au même titre que les Français de souche européenne. Pour le moment, la situation semble relativement calme dans ce milieu, mais il y a le danger que ceux-ci, travaillés par l'OAS ou par le FLN (Fédération de France), une fois leurs économies épuisées, commettent des actes délictueux. (...) En ville, des membres de la fédération du FLN de France ont essayé de les contacter, sans résultat positif toutefois. Le FNFRANON, de son côté, leur a rendu visite au camp de Rivesaltes où il s'est préoccupé de leur logement et de les faire voter à l'occasion du prochain référendum, mais le nombre de ceux qui se sont fait inscrire est insignifiant »[223].

L'effectif de la brigade de gendarmerie est finalement renforcé le 26 octobre 1962 de 12 à 26 sous-officiers, dix des gendarmes de renfort sont détachés au camp même de Rivesaltes, en vue d'y assurer les missions normales de la gendarmerie (maintien de l'ordre et police judiciaire) en liaison avec l'autorité militaire responsable. Cet accroissement s'explique par l'inquiétude qu'expose Pierre Messmer : *« Les agglomérations de musulmans que constituent les camps peuvent donner lieu à des incidents ou manifestations susceptibles de troubler l'ordre public »*[224]. Le président du Conseil Général des Pyrénées-Orientales et le maire de Rivesaltes exigent explicitement que des mesures de sécurité soient prises (police, gendarmerie). Le dernier précise qu'il n'y a qu'un seul agent de police à Rivesaltes pour une population de 10 000 habitants au camp militaire et de 7 000 au village, et qu'il n'est pas sans craindre des mouvements collectifs sur Rivesaltes ou Perpignan[225]. Face aux tensions entre les riverains du camp et des anciens harkis, le député de la circonscription s'insurge auprès du ministre des Armées par un courrier daté du 15 octobre 1963 : « À plusieurs reprises, les propriétaires environnants du camp maréchal Joffre ont eu à souffrir sérieusement de la présence des harkis dans le

---

[223] ADPO, 104W6, Direction des Renseignements Généraux, note sur les rapatriés dans les Pyrénées-Orientales, 18 octobre 1962, pp. 3-4. Le document ne le précise pas, mais il paraît raisonnable d'envisager que le FNFRANON cité ici est la Fédération nationale des Français rapatriés d'Afrique du Nord et d'Outre-Mer.

[224] SHD, 1R336/8. Note n°42955/MA/CM du 27 octobre 1962.

[225] SHD, 1R336/8. Réunion du 24 février 1963 sur le centre d'hébergement de Rivesaltes.

camp, notamment les récoltes sur pied. Mais ce qui est le plus grave, les harkis pour se chauffer n'ont pas hésité à détruire progressivement des plantations d'amandiers »[226].

Le préfet des Pyrénées-Orientales craint, pour sa part, une récupération politique des anciens supplétifs. « Cette population particulièrement sensibilisée par les évènements récents doit être strictement surveillée, écrit-il. L'autorité militaire considère en effet qu'il ne faut pas exclure la possibilité de mouvements collectifs de musulmans sur Rivesaltes ou sur Perpignan sous la pression de meneurs d'extrême gauche ou d'extrême droite »[227]. Il prend pour exemple la manifestation devant la mairie de Rivesaltes d'anciens supplétifs souhaitant voter[228]. Une fois de plus, le caractère pluriel du site pose des questions de pertinence en termes d'ordre public. En effet, le préfet évoque aussi sa crainte que les anciens supplétifs ne pillent le dépôt militaire, gardés seulement par 30 hommes du centre mobilisateur, et emportent toutes les armes : « C'est avec inquiétude que l'on est en droit de se demander la résistance que pourrait opposer le détachement en face d'un mouvement concerté de supplétifs musulmans qui, souvent oisifs, rôdent à travers le camp de Rivesaltes et sont susceptibles de se renseigner sur le contenu du dépôt militaire »[229]. Par ailleurs, aucune guerre ne s'achève à une date fixe : il existe tout un processus de sortie de guerre. L'écho des violences est long : en 1964 un sergent harki qui recevait régulièrement des menaces depuis l'Algérie est retrouvé assassiné au sein même du camp de Rivesaltes[230].

Tous ces facteurs entraînent que les familles sont soumises à une stricte discipline surtout après les premiers flottements dans le commandement – l'officier supérieur désigné pour prendre la direction du camp ne prend ses fonctions qu'en décembre 1962, mettant progressivement un terme à cette situation désordonnée. Preuve de l'attention portée par les pouvoirs publics sur la sécurité, le Premier ministre, Georges Pompidou, exige ainsi du ministre des Armées que le camp soit « soumis à une discipline que rend indispensable la

[226] SHD, 19T257/2.

[227] CAC, 19910467/8. Courrier du préfet des Pyrénées-Orientales aux ministres des Armées, de l'Intérieur, chargé des Rapatriés, le 13 novembre 1962.

[228] Fin octobre, des anciens supplétifs souhaitaient voter à la mairie de Rivesaltes lors du référendum du 28 octobre 1962. Ceux qui étaient inscrits à la mairie de Rivesaltes ont pu le faire, les autres, environ une centaine, ont manifesté leur mécontentement qui a nécessité la mise en place de forces de gendarmerie et de CRS.

[229] CAC, 19910467/8. *Op. cit.*

[230] ADPO, 1419W109, sous tampon « confidentiel défense », 20 avril 1964.

proximité de Perpignan où des incidents se sont déjà produits. Les méthodes qui sont suivies à Saint-Maurice l'Ardoise et qui donnent des résultats satisfaisants me paraissent devoir être reprises à Rivesaltes. Il en va de l'intérêt même des réfugiés qui sont d'ailleurs habitués à une organisation de type militaire comportant un encadrement solide. Pour éviter le retour des difficultés qu'ont entraînées les déplacements à Perpignan, il conviendra de soumettre les allées et venues à une certaine surveillance, les sorties du camp ne doivent être autorisées que pour des motifs sérieux »[231]. Le statut des personnes ici placées est ainsi des plus ambigus : ils ne sont certes pas internés, ils ne sont pas pour autant autonomes.

[231] CAC, 19920149/1. Courrier du 8 décembre 1962.

# Les camps de harkis en France

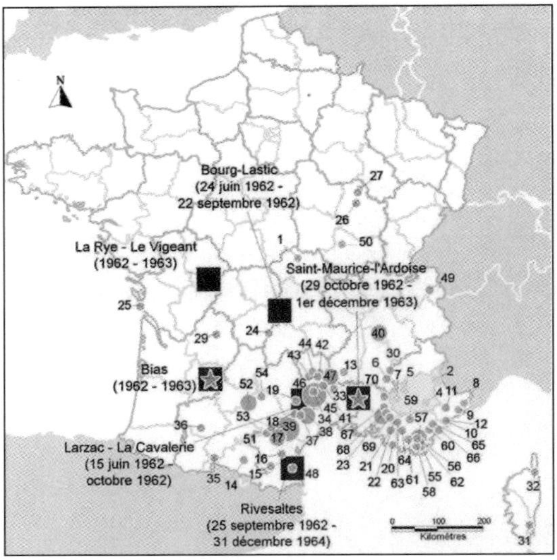


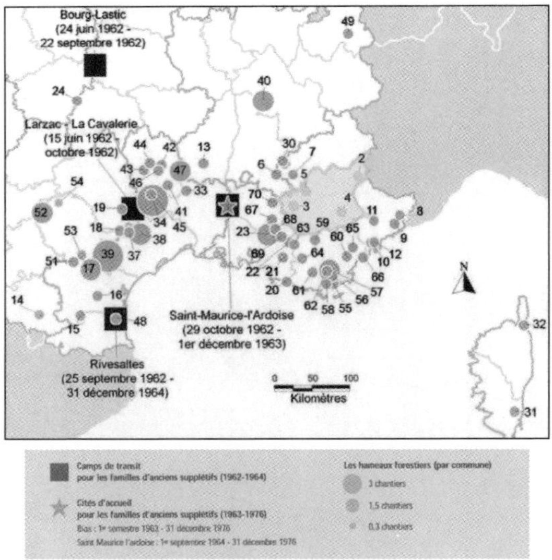


*Allier*
1 Noyant (Saint-Hilaire)
*Alpes-de-Haute-Provence*
2 Jausiers
3 Ongles
4 St André-les-alpes
5 Sisteron
*Haute-Alpes*
6 Rosans
7 Montmorin
*Alpes Maritimes*
8 Breil sur Roya
9 L'Escaréne
10 Mouans-Sartoux
11 Roquestéron
12 Valbonne
*Ardèche*
13 Largentière
*Ariège*
14 Montoulieu
Aude
15 La Pradelle
16 St Martin des Puits
17 Pujol de Bosc
*Aveyron*
18 Brusque
19 St Rome de Cernon
*Bouches-du-Rhône*
20 La Ciotat
21 Fuveau
22 Jouques
23 La Roque D'Anthéron
*Cantal*
24 Chalvignac
*Charente-Maritime*
25 La Tremblade
*Côte-D'Or*
26 Baigneux les Juifs
27 Vanvey sur Ouche
28 ls-sur-Tille
*Dordogne*
29 Lanmary
*Drôme*
30 Beaurières
*Corse-du-Sud*
31 Zonza
*Haute-Corse*
32 Casamozza
*Gard*
33 La Grand Combe
34 Villemagne (St Sauveur des Pourcils)
*Haute Garonne*
35 Juzet d'Izaut
*Gers*
36 Mirande
*Hérault*
37 Avène Truscas
38 Lodève
39 St Pons de Thomières
*Isère*
40 Roybon
*Lozère*
41 Cassagnas
42 Chadenet- La Loubière
43 Chanac - Cultures
44 Mende
45 Meyrueis
46 St Etienne du Valdonnez
47 Villefort
*Pyrénées-Orientales*
48 Rivesaltes
*Haute-Savoie*
49 Magland
*Saône et Loire*
50 Glennes (Roussillon en Morvan)
*Tarn*
51 Arfons les Escudiers
52 Puycelci - La Grésigne
53 Anglès
54 Vaour
*Var*
55 Bormes
56 Collobrières
57 Gonfaron
58 La Londe
59 Montmeyan
60 Le Muy
61 Néoules
62 Pignans
63 Rians
64 Saint Maximin
65 St Paul en Forêt
66 Aigue-Bonne (St Raphaêl)
*Vaucluse*
67 Apt
68 Cucuron
69 Pertuis
70 Sault

Relativement à l'hébergement des harkis, Rivesaltes devient très rapidement l'épicentre des structures d'accueil mises en place par les pouvoirs publics, la « capitale des harkis » en accueillant le plus grand nombre de supplétifs, et membres de leurs familles[232]. Certains viennent directement d'Algérie emmenés par l'armée, dans le cadre des « transferts » officiels. Ils partent depuis les diverses régions d'Algérie vers les camps de regroupement mis en place par l'armée française pour les « musulmans menacés » en attente d'un transfert en France, puis des ports d'Alger, de Mers el-Kébir ou de Bône (Annaba) vers les ports de Marseille[233] ou Port-Vendres en France. De là, ils rejoignent la gare de Rivesaltes, enfin basculent par camions vers le camp Joffre. D'autres rejoignent directement le camp, soit par le biais de filières clandestines ou semi-clandestines d'officiers ou sous-officiers de l'armée ayant exfiltré leurs « compagnons d'armes », soit par leurs propres moyens, par le biais de l'immigration économique, ou en passant par le Maroc ou la Tunisie.

Le camp de Rivesaltes s'institue finalement comme le nœud central des « camps harkis ». Outre ces arrivées d'Algérie et celles des camps de Bourg-Lastic et du Larzac en septembre et octobre 1962, Rivesaltes accueille les familles en provenance du camp de Saint-Maurice l'Ardoise lorsque celui-ci ferme ses portes en 1963. Subséquemment, cet espace est aussi le lieu principal pour le reclassement des familles dans toute la France. Des offres d'emploi sont envoyées par les préfets de l'ensemble des départements au Service d'accueil et de reclassement des Français d'Indochine et des Français Musulmans (SRFIM), du ministère des Rapatriés à Paris, qui les transmettent ensuite au chef du camp de Rivesaltes[234]. Sur place, la mission de liaison du ministère des Rapatriés installée au camp s'occupe ensuite de centraliser les

---

[232] « Rivesaltes, capitale des harkis repliés abrite 9 000 supplétifs et leurs familles et en attend encore 1 000 », *L'Indépendant*, 17 novembre 1962.

[233] CAC, 19920149/1. Arrivées d'Algérie des ex-supplétifs musulmans au camp de Rivesaltes. Durant l'année 1963, les arrivées des anciens harkis et leurs familles qui transitent par Marseille en provenance du camp de Zéralda sont les suivants : Juillet : 634 ; Août : 650 ; Septembre : 807 ; Octobre : 372 ; Novembre : 335 ; Décembre : 137. Ils sont encadrés par un officier et deux sous-officiers, qui les déposent ensuite au camp de Rivesaltes et retournent ensuite en Algérie.

[234] CAC, 19920149/3 et 4. Les fiches donnent des informations sur l'exploitant qui propose l'emploi, le type d'exploitation, la rémunération et le logement.

offres[235]. Les départements du sud-ouest, du sud-est ou de Corse accueillent ces familles avec l'organisation de hameaux de forestage, encadrés au départ par l'Armée puis par d'anciens militaires, et gérés en collaboration avec l'Office national des forêts (ONF). Ainsi, le 17 janvier 1963, un détachement de 91 ex-supplétifs et familles prend le départ à destination du chantier forestier de Pujol-de-Bosc (Aude). Le 7 février 1963, c'est au tour de 95 ex-supplétifs et familles qui partent à destination du chantier forestier de Juzet d'Izaud (Haute-Garonne). Certaines régions concentrent, dans des espaces d'accueil déterminés, de nombreuses familles d'anciens supplétifs comme dans les mines et les industries du Nord et de l'Est de la France. Ainsi, le 24 septembre 1963, 77 ex-supplétifs, accompagnés de leurs familles, prennent le train à destination de l'entreprise Usinor de Dunkerque, suivis le 15 octobre 1963, par 57 autres anciens supplétifs et familles. L'Alsace accueille aussi de forts contingents de familles comme le 11 décembre 1963, avec 72 ex-supplétifs et familles à destination des Forges de Strasbourg-Obernai. Tayeb, ancien supplétif, précise ainsi que pour pouvoir sortir du camp de Rivesaltes, « il nous fallait un certificat de logement et une promesse d'embauche »[236].

Le camp de Bias (Lot-et-Garonne) constitue aussi un lieu important dans la réception tant de célibataires, destinés à la formation professionnelle, que de familles désignées comme « irrécupérables » lors de la création de la cité d'accueil. De plus, en 1963, est créé sur le site même du camp de Rivesaltes, mais en dehors de toute gestion militaire, un « village civil » pour les familles d'anciens supplétifs ayant un emploi et en attente de logement dans la région. Les flux sont d'importance, par exemple, le 30 août 1963, 645 ex-supplétifs et membres de leurs familles y sont détachés.

Il y a donc une réelle mobilité des anciens supplétifs et leurs familles avec des arrivées et des départs continuels, parfois des anciens supplétifs reviennent au camp après avoir été reclassés. Si la période vécue dans le camp peut se mesurer en jours pour certains, pour d'autres cela se compte en années. À la date du 15 octobre 1963, 12 124 personnes sont déjà passées par le camp de Rivesaltes, 5 983 sont encore dans la cité militaire et 1 469 dans le village civil. On peut estimer à environ 22 000 personnes, le nombre d'anciens supplétifs et membres de leurs familles ayant transité par Rivesaltes.

---

[235] La mission de liaison est aussi chargé de l'établissement : des fichiers, au fur et à mesure, des départs d'un harki ; des dossiers de rapatriés (avis de transfert, fiche d'identification, annexe, fiche de projets professionnels...) ; des cartes temporaires de sécurité sociale ; des fiches spéciales de prestations familiales.

[236] Fatima Besnaci-Lancou, *Treize chibanis harkis*, Tirésias, p. 61.

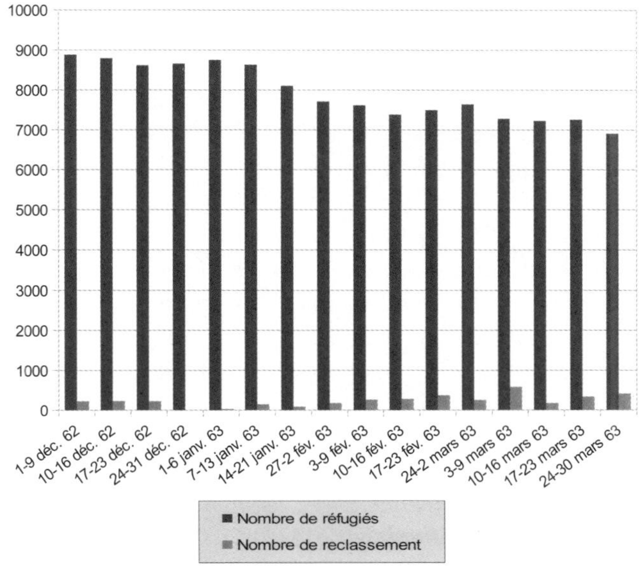


Anciens supplétifs et membres de leurs familles dans le camp de Rivesaltes[237].
Décembre 1962 - mars 1963.

Malgré la constitution de la quarantième compagnie de camp comme unité support à la gestion du camp, l'impréparation totale de l'armée comme des autorités civiles provoque tant de difficultés que celles-ci entraînent une désaffection rapide du camp. La conjonction d'infrastructures d'accueil largement insuffisantes et d'un afflux massif et continu de familles aboutit à une situation humanitaire désastreuse dès l'ouverture du camp en septembre 1962, et ce, jusqu'au premier trimestre 1963 où la situation s'améliore progressivement, à l'instar d'ailleurs du camp de Saint-Maurice l'Ardoise dans le Gard. Les conditions de vie des familles entraînent comme mesure « sécuritaire » d'interdire le camp à tout civil non autorisé, et particulièrement aux journalistes, afin d'éviter la médiatisation de cette situation et d'éviter une exploitation anti-gaulliste de la situation. Les pouvoirs publics persistent dans leur méfiance vis-à-vis de cette population et l'utilisation qui pourrait en être faite par les partisans de l'Algérie française qui poursuivent leur lutte contre le général de Gaulle[238].

[237] SHD 1R337. Compte-rendu hebdomadaire du camp de Rivesaltes.

[238] La presse est interdite de séjour dans les camps par Matignon, le ministère des Armées donne instruction aux deux commandants du camp par l'intermédiaire du général

Durant ces premiers mois du camp de transit de Rivesaltes, les rapports qui se succèdent dressent unanimement le constat d'un drame humain. Le rapport de la tournée de l'inspecteur du Service pour les Français musulmans et d'Indochine (SFIM) – pendant « indigènes » ou non-européens du service des Rapatriés – au camp de Rivesaltes relate cette situation d'improvisation lors de l'arrivée des familles :

« *Le 15 octobre 1962, il pleuvait sur la région de Perpignan. Tous les harkis, 9 000, sont sous des tentes, le camp est boueux, l'eau coule sous les tentes. Une certaine amélioration de l'installation sanitaire a été effectuée mais les douches ne marchent pas encore, faute de personnels compétents pour les faire fonctionner. L'antenne du ministère des Rapatriés installée dans une baraque a procédé à l'aménagement de celle-ci de façon à la rendre presque confortable, le personnel de l'antenne est actuellement suffisant en nombre et en qualité pour faire tout le travail qui lui est confié. Organisation du camp militaire : pas de commandement (...). Aucune autorité n'est chargée de coordonner leurs différentes activités. Le colonel Foque, commandant le groupe de subdivision de Perpignan, supervise tout cela de très loin. Une compagnie de Génie vient d'arriver. Il ne semble pas que des ordres aient été donnés pour faire commencer les travaux de restauration de baraques réservées aux harkis.*

*Il semble qu'ils en sont encore à effectuer des devis ; le colonel Foque n'a pas pu me donner de chiffres précis sur l'estimation de la restauration des baraques destinées à l'hébergement et des baraques destinées aux classes. (...) Il est impossible que cette situation soit maintenue plus longtemps, les familles de harkis avec leurs jeunes enfants ne peuvent absolument pas rester plus longtemps dans des tentes dont la protection contre la pluie et surtout le vent sont très illusoires. Les baraques destinées aux harkis sont en très mauvais état, toitures laissant passer l'eau et surtout murs effondrés. Il importe que les travaux de restauration soient entrepris immédiatement ; les questions de devis ne pouvant humainement retarder l'installation des familles dans des bâtiments durs. Les bâtiments réservés aux harkis semblent insuffisants les îlots E B F de 77 baraques chacun, ne pourront loger tout le monde. Sans attendre la mise en état de toutes les baraques, il faut commencer à loger les familles au fur et à mesure que les bâtiments seront prêts. Aucune action de promotion sociale ne*

commandant la région de Marseille de n'admettre aucun journaliste. En janvier 1963, les membres du Conseil économique et social n'ont pas été autorisés à y entrer.

*pourrait être effectuée efficacement dans les conditions de vie actuelle des harkis* »[239].

Ce bilan est validé et complété par l'intervention du général d'Armée Jean Olié[240] lors de la réunion du 19 novembre 1962 du Conseil national des musulmans français (CNMF)[241]. Ayant effectué une visite du camp de Rivesaltes quelques jours auparavant, il estime que « *l'administration française, civile et militaire, doit se reconvertir pour devenir rapide, souple, humaine et efficace, dans un monde en mutation rapide, dur, que menace une « déshumanisation ». Rivesaltes est à l'image du monde où nous vivons, violent et inhumain. Ce spectacle ne provoque pas l'indignation qu'il mériterait, tant l'idée d'un monde concentrationnaire est passée dans les normes. En résumé, Rivesaltes n'aurait jamais dû exister. Cette situation est indigne de la France ; pitoyable : des êtres sont malheureux de notre fait. Malgré les efforts déjà accomplis, ils vivent dans des conditions matérielles navrantes, aggravées par l'oisiveté. L'exploitation possible de cette situation à des fins politiques ou de scandale y présente de plus un danger* »[242].

Il décrit les conditions de vie qu'il a constatées. « *Il faut loger ces malheureux qui sont actuellement sous des tentes sans chauffage ni électricité, dans des bâtiments en dur, éclairés et chauffés. Hygiène : les installations sanitaires sont très insuffisantes. Il faut des WC, des douches, des salles de petits soins, un personnel médical plus nombreux (il y a une naissance par jour). La nourriture paraît suffisante. Des vêtements sont fournis par le ministère des Rapatriés et des œuvres privées. La scolarisation des 2 057 enfants de 6 à 14*

239 CAC, 19920149/1. Compte-rendu de la tournée au camp de Rivesaltes, SFIM, 16 octobre 1962.

240 Ancien des Affaires indigènes (AI), l'officier Jean Olié (1904-2003) combat au Maroc en 1928. Blessé et fait prisonnier en mai 1940, il rejoint les Forces françaises libres (FFL) et participe au débarquement de Provence. En 1956, il est envoyé en Algérie, puis devient chef d'État-major particulier du général de Gaulle en 1960. Après le putsch d'Alger, il démissionne de l'armée le 31 juillet 1961.

241 Le Comité national de solidarité pour les Français musulmans réfugiés, fondé le 10 juillet 1962, devient ensuite le Comité national pour les musulmans français (CNMF) officiellement le 2 janvier 1963, à l'initiative de jeunes officiers ayant servi en Algérie. Présidée par le Colonel Schoen, comptant parmi les responsables Nicolas d'Andoque et Aymar Achille-Fould, lieutenants de réserve en Algérie, l'association est sous le patronage d'Alexandre Parodi, vice-président du Conseil d'État. Aymar Achille-Fould était une personnalité des réseaux de la Françafrique, voir à son propos : Nicolas Lebourg et Joseph Beauregard, *François Duprat, l'homme qui inventa le Front National*, Denoël, Paris, 2012.

242 CIMADE, 3D19/6. CNMF, réunion du 19 novembre 1962.

*ans doit commencer ces jours-ci ; elle est prise en charge partie par l'armée, partie par l'académie. Les cours techniques ou de promotion sociale sont également sur le point de commencer. L'état d'esprit n'est pour le moment pas bon : inquiétude devant un avenir incertain, jointe à une certaine versatilité ethnique, promesses imprudentes non tenues. Les esprits sont ainsi prêts à accueillir n'importe quelle excitation venue de l'extérieur. Il faut évidemment vider le camp ». Néanmoins, il certifie que cette issue n'est guère possible avant un laps de temps assez long. Il conclut en insistant sur « ce douloureux problème [qui] est pour nous essentiel, capital, transcendant, parce qu'il s'agit de l'honneur national, d'une obligation de solidarité humaine, d'un témoignage de fidélité envers notre civilisation »*[243].

Les problèmes sanitaires sont structurels. De nombreux cas de tuberculose sont fréquemment dépistés. Le 3 décembre 1962, le service départemental de prophylaxie antituberculeuse organise par conséquent une campagne de prospection systématique malgré les nombreuses difficultés organisationnelles. « Étant donné les conditions de promiscuité dans lesquelles vivent les membres d'une même famille, et les familles de harkis entre elles, qu'elles habitent sous tente, ou dans des bâtiments en dur, il ne vous échappera pas que si l'hospitalisation n'est pas de règle pour les sujets contagieux, la tuberculose va se propager dans les camps, mettant en jeu la responsabilité très grave des pouvoirs publics qui auront rassemblé cette population sans lui assurer une protection sanitaire efficace »[244]. La campagne de vaccination, à destination des 1 800 enfants estimés en janvier 1963, est finalement retardée pour des considérations financières qui ne sauraient masquer une approche dépréciative du groupe social harki. Si le ministère de la santé publique prend en charge 87 % des dépenses, le département des Pyrénées-Orientales refuse de prendre en charge les 13 % restants « résultant de la présence sur son territoire d'une collectivité d'enfants, étrangère à sa population et installée d'autorité »[245], finalement payés par le ministère des Rapatriés.

Les conditions de vie difficiles dans le camp entraînent la mort d'au moins 136 personnes entre juillet 1962 et octobre 1964 : 129 personnes décédées sont clairement mentionnées dans le registre d'état civil de

[243] *Id.*

[244] SHD, 1R336/6. Ministre de la Santé Publique et de la Population au ministre des Rapatriés, 8 janvier 1963.

[245] SHD, 1R336/6. Ministre de la Santé Publique et de la Population au ministre des Rapatriés, 8 janvier 1963.

Rivesaltes, 6 autres personnes sont mentionnées dans l'inventaire, en fin de listing, sans que leur fiche n'apparaisse cependant. La grande majorité d'entre eux sont des enfants de moins de 2 ans (certains morts nés, et la majorité dans les jours qui suivent la naissance), puis les enfants de 2 à 16 ans, et enfin les personnes âgées. Quelques adultes sont aussi comptabilisés. Ils sont décédés soit à l'hôpital de Perpignan, soit dans le camp. La plupart d'entre eux sont directement enterrés dans le camp.

La question de la localisation ignorée, de ce lieu d'inhumation d'un « cimetière perdu », trouble de longue date le groupe social harki. Avec prudence, divers éléments peuvent être pris en considération. Autour des années 1980, diverses correspondances attestent de la présence d'une cinquantaine de tombes d'anciens supplétifs ou membres de leurs familles sur le site du camp de Rivesaltes. Selon un courrier du 10 septembre 1981 du maire de Rivesaltes, le cimetière se trouverait aux coordonnées suivantes : Coord. 89/38[246]. Sa gestion aurait été confiée à l'office des anciens combattants ou Direction interdépartementale des anciens combattants. Le directeur du service départemental, A. Denat, a demandé une enquête (courrier du 21 octobre 1981 au préfet) où il ressort qu'il existe au camp Joffre sur un terrain militaire un ancien cimetière abandonné de Français musulmans rapatriés d'Algérie. Auraient été relevés sur des plaques mortuaires les noms d'un bébé d'un an et d'un jeune homme décédé accidentellement à l'âge de 20 ans. Nous avons vérifié et il s'avère que ces deux personnes sont signalées comme décédées sur les registres de l'état civil de la mairie de Rivesaltes de 1963. Une famille nous a signalé que deux tombes correspondant à ces individus étaient sises au cimetière du village de Rivesaltes. Elles ne sont pas placées dans le carré musulman et correspondraient à un transfert tardif de vingt ou trente ans, donc postérieur à l'enquête de la Direction interdépartementale des anciens combattants. Dans un courrier du 13 novembre 1981, le colonel Choffel informe le préfet que le cimetière se trouve dans la partie sud-ouest du camp Joffre en 488,9 - 737,7. Il précise qu'il est situé sur une partie du terrain militaire devant être cédé au département[247]. Il souligne de plus que, dans un courrier du préfet au président de la chambre de commerce et adjoint au maire de Perpignan, la Confédération des Français musulmans rapatriés d'Algérie (CFMRAA) demande à pouvoir « retrouver l'utilisation obtenue en

[246] ADPO, 1794W15, le maire de Rivesaltes, 20 septembre 1981.

[247] ADPO, 1794W15, le colonel délégué militaire départemental des Pyrénées-Orientales au préfet des Pyrénées-Orientales, 13 novembre 1981.

1962 du cimetière abandonné près du camp Joffre à Rivesaltes où sont inhumés les corps de 50 harkis anciens combattants ». La parcelle où fut implanté ce cimetière, et qui se trouverait au sud-ouest, dans la partie civile du camp militaire, appartient à un ensemble de terrains qui devaient prochainement être cédés par l'armée au département. « Cette session était la seconde réalisée dans le cadre d'un échange compensé organisé en vue d'implanter une zone industrielle à Rivesaltes » (Courrier du 1er décembre 1981).

Dans deux courriers de l'assistante socio-administrative du service des rapatriés, datés des 21 et 22 avril 1983, au délégué régional du secrétariat d'État chargé des Rapatriés, il est encore précisé que l'association CFRMAA « a entrepris depuis longtemps et est en pourparlers actuellement avec l'armée et le maire de Rivesaltes pour faire aboutir une demande qui consiste à obtenir l'ancienne terre (terrain militaire camp Joffre) où étaient enterrés les Français musulmans à partir de 1962 ».

En fait, les coordonnées du lieu mentionné dans les courriers correspondraient à l'emplacement de l'ancien cimetière des prisonniers de guerre de l'Axe, qui a accueilli 467 soldats entre 1945 et 1948. La levée des corps a été effectuée en 1961. En 2007, une opération archéologique a été menée sur cette zone pour s'assurer que les corps avaient bien été tous prélevés en 1961. Le cimetière et les 10 hectares alentour ont ainsi été testés par l'ouverture de près de 6 km linéaires de tranchées à la pelle mécanique. Tous les corps ont été prélevés et il ne subsiste plus que quelques ossements, des cercueils disloqués et quelques objets oubliés par les fossoyeurs en 1961. Les corps ont été rapatriés au cimetière allemand de Dagneux dans l'Ain. Aucune trace de tombes plus récentes n'aurait ainsi été trouvée. Jusqu'à aujourd'hui, nous n'avons aucune connaissance de la localisation précise de ce cimetière, ou d'un éventuel transfert des tombes ou de leur destruction. D'après des témoignages, certaines personnes décédées à l'hôpital de Perpignan auraient ensuite été enterrées au cimetière à proximité. Quelques années plus tard, les corps auraient été incinérés. D'autres nous ont affirmé que les corps sont toujours sur le site du camp, et n'auraient ni été transférés lors du départ des familles du camp, ni ultérieurement, hormis les tombes du bébé et du jeune hommé décédé à l'âge de 20 ans, qui ont été retrouvées, après les recherches d'une famille en 2014, au cimetière municipal de Rivesaltes. On ne saurait liquider la possibilité que le site du cimetière ait été sur une des parties cédées au département et qui sont aujourd'hui devenues une zone d'activité artisanale et industrielle. Néanmoins, il importe de souligner que cette issue plausible n'est qu'une hypothèse de travail.

En 1962 décèdent : en juillet, un enfant de tirailleur algérien de 5 mois ; en septembre, une enfant décédée à la naissance ; en octobre, 8 enfants nés en Algérie et décédés à Rivesaltes, âgés respectivement de 5 mois, de 4 mois, de 3 mois (îlot 2, tente n°34), de 11 mois, d'1 an et 3 mois, de 3 mois (îlot 6, tente n°15), d'une semaine, un enfant mort-né au camp, et un homme de 39 ans ; en novembre, 5 enfants nés en Algérie et décédés au camp à 10 mois, 3 mois, 20 mois, 14 mois, un autre né en mer et décédé à 4 mois, et 4 autres enfants nés au camp et décédés dans les jours qui suivent : un enfant mort-né, de 2 jours, de 3 jours, d'1 jour ; en décembre, 2 enfants de 3 mois dont un vivait sous la tente n°93 de l'îlot 6, un homme de 69 ans (îlot 2) et une jeune femme de 22 ans.

Durant l'année 1963, décèdent : en janvier, 4 enfants nés en Algérie et âgés de 11 mois, 19 mois, 1 an, et un autre de 20 mois, 5 enfants nés à Rivesaltes et âgés de 1 mois, 2 mois, 2 mois, 3 mois, 2 jours, une jeune femme de 21 ans (îlot 2) ; en février, 3 enfants nés en Algérie et décédés au camp de Rivesaltes, âgés de 18 mois, 13 ans, 5 mois, un autre né au camp du Larzac et décédé à l'âge de 7 mois à Rivesaltes, un enfant né au camp de Rivesaltes et décédé à 5 mois, un autre décédé à la naissance, et une femme âgé de 45 ans ; en mars, 3 enfants nés en Algérie, un habitait au village 10 et est décédé à l'âge de 3 mois, un autre âgé de 3 mois, et un dernier de 9 mois, 10 enfants nés au camp de Rivesaltes et décédés à l'âge de 2 mois, de 3 jours, de 3 mois (village 9), d'1 mois, de 2 jours, de 2 mois (îlot N), un enfant du village 7 âgé de 3 mois, un autre âgé d'1 semaine et enfin 2 enfants décédés à la naissance dont un vivait au village 3 ; en avril, 2 enfants sont mort-nés dont la famille d'un d'entre eux vivait au village 7, un autre (village 7) est décédé à 1 mois, et enfin un autre enfin est décédée à 1 an ; en mai, 3 enfants nés en Algérie et décédés à l'âge de 5 ans, un autre de quelques mois sans précisions, et un de 10 mois, 2 enfants nés au Larzac et décédés à l'âge de 11 mois dont un est issu du village 7, une autre enfant née en Avignon (camp de Saint-Maurice l'Ardoise) et décédé à 5 mois dont la famille vivait au village 5, 6 autres sont nés au camp de Rivesaltes : un décédé à la naissance, un autre âgé de 2 jours, 2 enfants de 6 mois issus du village 3 et du village 9, et un âgé d'1 an (village 5) ; en juin, un né en Algérie et décédé au camp à l'âge de 19 mois, un autre né au camp de Bias et âgé de 3 mois, 6 enfants nés au camp de Rivesaltes et décédés à 8 mois, 6 mois, 14 mois (village 5), 3 mois (village 3), 3 mois (village

H) et un autre mort-né, et enfin une personne âgée de 59 ans (village 9) ; en juillet, 2 enfants nés en Algérie et décédés respectivement à l'âge de 5 mois et 1 an, un enfant né au camp du Larzac et décédé à 10 mois (village 7), 3 enfants nés au camp de Rivesaltes et âgés lors de leur décès de 3 mois (village 5), 6 mois (village 7), et 7 mois (village 7), enfin un homme de 32 ans, une femme de 73 ans et une autre de 59 ans (village 5) ; en août, 3 enfants nés et décédés au camps âgés de 2 mois (village 2), 1 jour (village 9), 7 mois (village 10) et un ancien supplétif décédé à 23 ans ; en septembre, 3 enfants nés en Algérie et décédés au camp, âgés de 1 an, 22 mois et 8 mois (village 9, bâtiment 29) ; en octobre, un enfant né en Algérie et décédé au camp à 11 mois, un enfant né en Avignon (camp de Saint-Maurice l'Ardoise) et décédé à 9 mois, 4 enfants nés et décédés au camp âgé de 4 mois (village 5), 9 mois (village 4), 2 mois (village 1), 6 mois (village 10), un homme de 26 ans (village 8), un homme de 23 ans et une personne âgée de 78 ans (village 2) ; en novembre, une fille née en Algérie et âgée de quelques mois, 2 enfants mort-nés au camp, et une autre âgée de 3 mois (village 7), un homme de 32 ans et une femme âgée de 66 ans ; en décembre, sont morts au camp de Rivesaltes un garçon d'1 mois, 2 enfants décédés à la naissance et un autre de 7 mois (village 10).

En 1964, décèdent encore : en janvier, un garçon de 3 mois (village 9) et un autre de 4 mois ; en février, un enfant né en Algérie et décédé à 6 mois, 2 bébés d'1 jour dont un du village 3 (bâtiment 21), un enfant d'1 mois (village 8), une fille de 10 mois (village 3) et un homme de 27 ans ; en mars, un enfant de 6 mois (village 9), un enfant d'1 an (village 3), une fille de 2 ans (village 2) et une fille de 4 mois, tous nés en Algérie, et 3 enfants nés et décédés au camp : un garçon de 10 mois, 2 enfants morts à la naissance ; en avril, sont décédés une fille et un garçon morts à la naissance, un garçon de 6 mois (village 10), un enfant d'1 mois (village 10), et un homme âgé de 48 ans (village 9) ; en mai décèdent un garçon de 6 mois (village 2), une fille d'environ 6 mois (village 10) et un garçon d'1 mois (village 2) ; en juin un homme de 56 ans (village 8) et un adolescent de 16 ans ; en juillet une fille de 2 jours décède (village 8) et en octobre, une fille de 6 mois. En février et avril 1965, 2 enfants âgés d'1 mois et un autre de 4 mois, dont les familles résident au hameau de forestage, décèdent.

Des organismes de secours tentent d'intervenir pour aider ces familles démunies, n'ayant pour la plupart rien pu apporter d'Algérie. Néanmoins, l'armée rechigne à les laisser prendre contact directement avec les réfugiés. Ainsi, le Secours catholique mobilise les églises et fournit un camion de cinq tonnes de vêtements au camp de Rivesaltes[248]. Après avoir apporté son aide aux internés algériens en France, la Cimade décide d'aider les anciens supplétifs[249]. En décembre 1962, elle est autorisée à poursuivre auprès des familles d'anciens supplétifs un travail social et éducatif sous la direction du pasteur Bonnet de Perpignan, aumônier militaire avec une équipe bénévole placée sous sa responsabilité[250]. Ces chrétiens militants jugent les conditions de vie des premiers mois « très rudimentaires ». « À Rivesaltes, elles semblent devoir l'être encore plus encore qu'au Larzac, certifie l'un deux, et malgré une température plus clémente que chez nous, il sera assez dur de passer l'hiver sous des tentes. Ceux qui ont des filles ou de jeunes femmes sont effrayés d'avoir à habiter sous des tentes sans autre protection que de la toile. L'oisiveté et la crainte de l'avenir sont en effet génératrices de désordres : ivrognerie, batailles, agressions »[251].

La construction de baraquements en dur résout finalement le problème le plus inquiétant : le logement ; ce qui permet au ministère des Armées d'ouvrir le camp à la presse à partir du 15 mars 1963. En principe, l'interdiction de visite a été levée le 15 février à Rivesaltes, le 1er mars à Saint-Maurice l'Ardoise. Dorénavant, journaux nationaux et locaux effectuent des articles et enquêtes pour exposer l'œuvre effectuée par l'armée et le gouvernement en faveur du reclassement des familles d'anciens supplétifs, mais néanmoins dans le cadre d'une orchestration médiatique organisée[252] : interview de familles choisies par l'administration du camp, intervention constante d'officiers de l'armée et du personnel de l'administration du camp, minoration du nombre des décès… Ainsi, dans une série d'articles qui s'étalent du 22 au 28 mars, *L'Indépendant* dépeint une situation dorénavant stable voire même largement satisfaisante pour les habitants du camp. Les titres sont idylliques : « Le camp des déracinés de Rivesaltes avec ses 10 000 harkis est devenu la 2e ville des Pyrénées-Orientales »[253], « Nous sommes mieux que chez nous, disent les harkis »[254], « En un mois : 58 naissances, 3 décès. Bilan d'un camp où les harkis apprennent la vie

[248] Cimade, 3D19/6, CNMF, réunion du 19 novembre 1962.

[249] « La Cimade et les Algériens », in *Documents nord-africains*, n°521, 17 mai 1963.

[250] SHD, 1R336/8. Demande effectuée dans un courrier du 29 octobre 1962 par le pasteur Jacques Beaumont, secrétaire général de la Cimade.

[251] Cimade, 3D19/8. Courrier non daté de M. Touchon au Pasteur Marcel Bonnet. Vraisemblablement 4e trimestre 1962.

[252] « Pour la première fois, la presse a été admise à visiter le camp de Rivesaltes », *L'Indépendant*, 22 mars 1963.

[253] *L'Indépendant*, 23 mars 1963.

[254] *L'Indépendant*, 24 mars 1963

à l'européenne »[255], « À Rivesaltes, l'école est un vrai plaisir pour les enfants de harkis tandis que leurs mères découvrent les humbles joies de coudre et de tricoter »[256], « Prêt pour la vie civile, le harki s'en va après avoir reçu au camp de Rivesaltes le bagage du parfait citoyen »[257]. Même la célèbre émission de télévision *Cinq colonnes à la une* est de la partie[258]. Au camp de Rivesaltes, on festoie pour la Noël en 1963 : les « français musulmans » venus d'Algérie ont droit à une fête chrétienne organisée avec le folklore catalan…[259]

Dans l'organisation du camp, un centre de promotion sociale est aussi mis en place à destination des familles, le temps de leur passage dans le camp. L'action de promotion masculine doit toucher 1 500 adultes et jeunes gens de 14 à 30 ans avec la mise sur pied de 7 centres de préformation et 8 foyers de jeunes. Chacun de ces organismes comporte 5 sections de 20 élèves. L'action de promotion sociale féminine en faveur des femmes, des jeunes filles et jeunes enfants doit toucher 800 jeunes femmes et jeunes filles à plein-temps, et 1 200 femmes et 800 jeunes enfants suivant un horaire organisé. Huit organismes de promotion féminine sont mis sur pied, comportant chacun un foyer de jeunesse féminine, une « section féminine de progrès » et un jardin d'enfants. Les activités du foyer portent sur l'enseignement ménager, l'hygiène, le secourisme et la puériculture, le rattrapage scolaire, l'adaptation à la vie métropolitaine, l'animation des loisirs et l'éducation physique. Des « visites à domicile » sont également effectuées par la directrice et quelques monitrices. Outre son utilité éducative et sociale, le jardin d'enfants permet aux mères de famille de participer à l'instruction, tout en laissant leurs enfants gardés. Néanmoins, nombre de femmes du camp ne participent pas à ces activités par méfiance pour certaines, par méconnaissance pour d'autres, voire tout simplement par le fait des difficultés à gérer le quotidien de leurs familles. Rania, épouse d'un ancien harki, raconte ainsi comment « la vie à Rivesaltes était rude. Pour la première fois, je voyais la neige qui nous arrivait jusqu'aux genoux. Nous faisons la queue avec nos gamelles pour aller chercher du ravitaillement. Je me souviens très précisément de la détresse et des pleurs d'une pauvre femme qui avait dû laisser sa fille en Algérie. Je parlais avec elle pour la rassurer. Ma fille pleurait la nuit à cause de

[255] *L'Indépendant*, 25 mars 1963.
[256] *L'Indépendant*, 26 mars 1963.
[257] *L'Indépendant*, 28 mars 1963
[258] *L'Indépendant*, 24 avril 1963.
[259] ADPO, 1419W109, dossier d'organisation du Noël 1963 des harkis du camp de Rivesaltes.

poussées dentaires douloureuses. Je lui frottais les gencives avec un morceau de sucre pour la calmer. J'avais honte. La France avait fait de nous des mendiants. Quand je pense qu'en Algérie, il ne me manquait rien. Je vivais avec les Français. J'avais une belle maison dans un quartier calme. J'avais comme voisin un commissaire, un gendarme et un cordonnier. Ma mère travaillait chez un colon et moi j'avais été scolarisée. Malheureusement presque toutes les femmes du camp étaient illettrées. Lorsque je discutais avec elles, nous nous racontions la guerre, l'Algérie, la famille quittée dans la précipitation et surtout notre nouvelle misère. Leurs activités pour la journée consistaient à surveiller et à soigner leurs enfants, laver le linge et emmener les bébés à la pesée dans le camion de la Croix-Rouge. Nous ne savions pas pour combien de temps nous allions rester là »[260].

Néanmoins, l'objectif majeur est d'évacuer le camp le plus rapidement possible malgré les difficultés de reclassement d'une population considérée comme « infantile » voire « primitive » par les conseillers techniques pour les affaires musulmanes lorsqu'ils décrivent le camp de Rivesaltes à la fin du mois de décembre 1962[261]. Leur rapport dénombre 8700 personnes dont 2450 hommes; 32 classes fonctionnant à mi-temps reçoivent 2000 enfants; deux centres militaires de formation professionnelle (bâtiment et métaux) forment des stagiaires âgés de 15 à 30 ans sélectionnés par les services d'orientation du ministère du Travail. Les jeunes âgés de 14 à 20 ans fréquentent des cours de rattrapage scolaire et d'initiation professionnelle. « Le souci des autorités responsables est d'abréger autant que faire se peut le séjour des rapatriés dans de telles conditions, d'abord pour des raisons d'ordre psychologique et également pour des motifs d'ordre social et économique, précise le document. Il importe en effet pour la santé morale des intéressés, qu'ils soient rapidement reclassés et intégrés au sein de la population française, qu'ils se sentent des hommes libres, pourvus d'un emploi et d'un toit ». Concernant « l'évolution » de ces familles et surtout les femmes, il estime : « ce problème de l'évolution nécessaire déjà préoccupant en ce qui concerne les migrants traditionnels l'est bien davantage pour les familles de harkis qui sont la plupart du temps beaucoup plus primitives que celles qui venaient habituellement se fixer en France. Il faudra de longs mois pour que certaines d'entre

[260] Fatima Besnaci-Lancou, *Nos mères, paroles blessées. Une autre histoire de harkis*, Zellige, 2006, pp.88-89.
[261] SHD, 10T549/2. Ministère de l'Intérieur, Direction générale des affaires politiques et de l'administration du territoire, service des affaires musulmanes, 4e trimestre 1962.

elles se trouvent un jour en mesure d'habiter au milieu de la population européenne ».

Afin de lutter contre leur « oisiveté », selon la formule des responsables du camp, les anciens harkis sont envoyés auprès des viticulteurs lors des vendanges, ce qui a pour avantage pour ces derniers d'obtenir une main-d'œuvre abondante et bon marché. Ainsi, avec l'arrivée des familles fin septembre-octobre 1962, c'est près de 700 personnes qui sont immédiatement employées aux vendanges[262]. Le 26 septembre 1963, 70 célibataires et 120 personnes (hommes et femmes) du village 9 (90) et du groupement I (30) sont extraits en deux détachements du camp de Rivesaltes pour être mis à la disposition du sous-préfet de Libourne, qui les répartit ensuite entre les différents viticulteurs pour 15 jours environ. Le sous-préfet se charge du logement et de la nourriture. L'équivalent de deux journées de vivres est d'ailleurs distribué aux familles avant leur départ. Si cela ne cause aucun problème pour les chefs de familles alors sans emplois, il n'en a pas été de même pour les célibataires qui devaient normalement rejoindre leur emploi définitif au début du mois d'octobre. Leurs employeurs ont été cependant avisés de leur retard[263]. La majorité des « vendangeurs harkis » est cependant envoyée auprès des viticulteurs des Pyrénées-Orientales « pour permettre leur retour au camp chaque soir et par conséquent ne pas trop entraver leur reclassement normal dans les emplois définitifs »[264]. Les coupeurs sont payés 17,00 francs par jour et les porteurs non nourris 20,00 francs. Jusqu'en 1964, des « vendangeurs harkis » sont sollicités auprès des responsables du camp de Rivesaltes, entre autre, par les viticulteurs du Médoc, et appuyé par Robert Boulin[265] secrétaire d'État au Budget[266]… Néanmoins, les effectifs du camp sont en constante diminution avec l'objectif de le fermer, il ne reste d'ailleurs que ceux étiquetés comme « incasables ». Seule solution proposée : que de nouveaux réfugiés d'Algérie se présentent…

Pour désemplir rapidement les camps, dont celui de Rivesaltes, il avait été proposé de répartir autoritairement les familles d'anciens

[262] CAC, 19920149/1. SFIM, note pour le cabinet du ministre chargé des Rapatriés, 10 octobre 1962.

[263] CAC, 19920149/3. Ministère des Rapatriés à M. Perony, 26 septembre 1963.

[264] CAC, 19920149/3. SFIM. Note à l'attention du ministre de l'Agriculture, 22 octobre 1963.

[265] Robert Boulin (1920-1979) est un ancien résistant. Gaulliste, il est secrétaire d'État aux Rapatriés (1961-1962), ministre au Budget (1962-1967), au Travail (1978-1979), décède dans des circonstances controversées.

[266] CAC, 19920149/3. SFIM ; « À Tautavel aussi, les harkis du camp de Rivesaltes sont fourni un contingent de vendangeurs », *L'Indépendant*, 30 septembre 1963.

supplétifs selon le nombre de départements. Le général de corps d'armée Houssay, commandant la 9e région militaire constate que le reclassement est trop lent et difficile[267]. Selon lui, l'agriculture n'offre que peu de débouchés, loger les familles est délicat, surtout avec l'accélération de l'immigration algérienne considérée comme une « concurrence », les camps sont éloignés des zones industrielles, et les tentatives d'implantation de familles dans des villages abandonnés ont été vouées à l'échec. Il conseille ainsi au ministère des Armées : « si aucune solution valable ne se présentait avant la fin de 1963, il serait préférable de disséminer les harkis par départements plutôt que de conserver dans un camp 6 000 ex-harkis et leurs familles pendant un temps indéterminé et certainement long ».

Pierre Messmer, ministre des Armées, devant la crainte de l'arrivée de près de 10 000 personnes d'Algérie, veut la fermeture des camps par le ministère des Rapatriés et dénonce cet « univers concentrationnaire ». Mais son intense correspondance trahit toutefois son souhait de récupérer rapidement l'ensemble des domaines militaires, prêtés pour accueillir les réfugiés, et surtout de ne plus être en charge de camps qui pèsent sur l'Armée :

« Les camps ne constituent pas une formule d'avenir. Leur organisation fut-elle sans reproche, ils restent marqués de la tare de tout "univers concentrationnaire". Non seulement le système favorise le développement des épidémies, comme celle de Saint-Maurice l'Ardoise, mais il contribue à la démoralisation d'hommes, qui y perdront leur raison d'être. En outre, sur le plan politique, il offre une cible facile à l'opposition. Le séjour dans les camps ne se justifie que dans la mesure où il permet de donner à ceux qui en sont capables des rudiments de formation professionnelle »[268].

À l'instar du général Houssay, Pierre Messmer préconise qu'une administration centrale répartisse les « réfugiés musulmans » sur l'ensemble des départements. Le ministère des Rapatriés refuse ce plan potentiel, au motif qu'il estime qu'il n'y aura pas 10 000 personnes réfugiées supplémentaires – chiffre fantasque relayé tout au long de l'année 1963 – mais 2 500 tout au plus, que les places sont suffisantes au camp de Rivesaltes (12 000 alors sur une capacité totale des camps de 15 000 places), et enfin que les capacités de logement et d'emplois dans les départements sont par trop largement hétérogènes : présence d'emplois sans logement ou de logements sans emploi, tandis que les

[267] CAC, 19920149/5. général Houssay au ministre des Armées, 8 février 1962.
[268] CAC, 19920149/5. Ministre des Armées au ministre des Rapatriés, 2 mars 1963

chantiers forestiers sont considérés comme « un reclassement collectif (...) pour donner le temps à ces familles musulmanes de s'adapter peu à peu à la vie rurale française avant d'être précipitées dans un secteur industriel »[269].

Afin d'accentuer les départs du camp, et dans le prolongement de cette méfiance à l'égard de ces hommes, il est exigé en 1964 « que les musulmans qui refuseront la nationalité française soient immédiatement expulsés du camp et que ceux qui y seront maintenus fassent l'objet d'une enquête de la sécurité militaire »[270]. Dès juin 1964, toute admission de « rapatrié musulman » isolé est interdite, s'il vient de sa propre initiative. Ne sont dorénavant acceptés que les isolés envoyés par le ministère des Rapatriés ou ses représentants locaux qui préviendraient directement à l'avance (au minimum 48 heures) le commandant du camp de Rivesaltes et le commandant de subdivision[271].

La fermeture rapide du camp de Rivesaltes devait, par là même, contribuer à tourner définitivement cette page embarrassante de la Guerre d'Algérie. Finalement le camp de Rivesaltes se vide progressivement de ses habitants. Néanmoins, François Missoffe, ministre des Rapatriés, demande en mai 1964 qu'une « attitude libérale » soit maintenue pour certains cas sociaux, se préoccupant de regrouper « *les déchets* existant dans ce camp et dont le reclassement s'avérera impossible », ainsi que des familles libérées d'Algérie et transférées en France[272]. Une définition du « harki irrécupérable », envoyée à Saint-Maurice l'Ardoise, est d'ailleurs attribuée officiellement : « un ancien supplétif possédant la nationalité française, inadapté et inadaptable sans que son instabilité atteigne le seuil pathologique »[273].

En mai 1964, le Service des Français rapatriés d'Indochine et Français-musulmans (SFRIM) estime qu'environ 1 000 personnes sont difficilement reclassables : 60 célibataires, 100 chefs de famille (25 cas médico-sociaux, 50 vieillards, 25 inadaptés), 80 veuves[274]. Dans une autre source, suite à une visite le 21 mai 1964 au camp de Rivesaltes, on compte 460 familles dont 217 qualifiées d'incasables et 243 à reclasser. Le camp de Rivesaltes n'est progressivement plus considéré comme un espace adéquat pour ces familles.

---

[269] CAC, 19920149/5. Ministre des Rapatriés au ministre des Armées, 14 mars 1963.

[270] SHAT 19 T 257/2. DM n°7280/EMAT/4/PO du 31 juillet 1964. À l'attention du général commandant la 9e région militaire.

[271] SHAT 19 T 257/2.

[272] SHD, 19 T 257/2. Ministre des Rapatriés au ministre des Armées, 15 mai 1964.

[273] CAC, 19920149/1. Service de reclassement des Français musulmans, 26 mai 1965.

[274] CAC, 19920149/2. Note au préfet Pérony, 8 mai 1964.

À la date du 8-9 juillet 1964, le camp de Rivesaltes compte encore 228 familles regroupant 935 personnes considérées comme incasables : chefs de famille hommes de plus de 55 ans, chefs de famille femmes, inaptes physiques, tuberculeux[275]. Dans ce rapport, 168 familles groupant 781 personnes sont retenues pour la future cité d'accueil du camp de Saint-Maurice l'Ardoise (dont 19 familles soit 55 personnes pourraient être reclassées sous réserve d'un examen médical d'aptitude) :

- Chefs de familles hommes de plus de 55 ans : 55 familles groupant 193 personnes, parmi lesquelles 23 isolés dont 12 viennent de partir en asile et 11 devraient être placés d'ici octobre. Il reste donc 32 familles groupant 170 personnes parmi lesquelles 2 chefs de famille groupant 10 personnes qui disposeraient de ressources suffisantes pour être relogées.
- Femmes chefs de famille : 69 familles groupant 270 personnes. Après examen, deux familles groupant 12 personnes ont quitté le camp en juillet. Pour Saint-Maurice l'Ardoise, il reste donc 67 familles groupant 258 personnes parmi lesquelles 3 familles groupant 10 personnes et 4 femmes isolées qui seraient susceptibles d'être reclassées. 4 femmes âgées isolées pourraient être placées en hospice.
- Inaptes physiques : 48 familles groupant 192 personnes sur lesquelles figurent : 3 jeunes blessés récemment placés en hospice, 2 isolés actuellement en sanatorium, 1 accidenté du travail (3 personnes) qui pourra être récupéré dans quelques mois, 1 jeune instituteur certainement « recasable » (4 personnes).

Il reste pour Saint-Maurice l'Ardoise, 45 familles groupant 183 personnes dont 5 (16 personnes) doivent être examinées en vue d'un reclassement possible, essentiellement les tuberculeux, soit 56 familles groupant 280 personnes sur lesquelles figurent 12 chefs de famille (71 personnes) non malades, donc « récupérables » (généralement un enfant ou l'épouse malade) ; 7 chefs de famille (35 personnes) qui seraient guéris ou sur le point de l'être pour lesquels les services de santé civil et militaire se demandent dans quelle mesure ils peuvent être reclassés ; 6 familles (24 personnes) placés par la santé publique au centre des blessés du Poumon à Clairvivre en Dordogne (au final 6 familles ont été désignées pour y aller) ; 4 isolés placés en sanatorium ; 1 famille de 9 personnes reclassées récemment ; 1 famille (2 personnes) à placer entièrement en sanatorium.

---

[275] CAC, 19920149/2. SRFIM, Recensement des incasables au camp de Rivesaltes, 8-9 juillet 1964.

Toutefois, les flux incessants entre le camp de Rivesaltes et les autres camps de harkis compliquent le recensement des familles jugées « irrécupérables ». « Il est difficile de recenser la population incasable qui continue à entrer et à sortir du camp ». Certains considérés comme incasables en avril ont été reclassés, des familles du camp de Bias sont aussi renvoyées à Rivesaltes. Enfin, certaines pourraient être recasées pour vivre hors des camps si des logements à faibles loyers leur étaient trouvés. Entre septembre et octobre 1964, les départs des dernières familles de harkis « reclassables » s'effectuent[276]. À partir du village civil, 10 familles doivent rejoindre Châlons-sur-Marne ou Reims (Marne), 47 familles restent dans le village civil jusqu'à la livraison de l'ensemble immobilier de Saint-Cyprien prévue pour la fin de l'été 1965, qui ne sera finalement pas construit du fait de la proximité d'une résidence : les propriétaires refusent d'habiter à proximité de « musulmans » et se désistent. L'arrivée de 6200 familles rapatriées a saturé les demandes de logement, entraînant des conséquences pour le logement des anciens supplétifs. Le maire de Saint-Cyprien, malgré son engagement, préfère miser sur l'avenir touristique de la ville.

À partir de la cité militaire, 22 familles doivent rejoindre le chantier de forestage de Vaour (Tarn) dans la semaine du 10 au 20 octobre 1964, 15 familles sont en cours de sélection pour partir dans la seconde quinzaine d'octobre. Ainsi, à la date du premier novembre, ne doit rester dans le camp qu'une liste définitive d'« incasables », qui sont regroupés sur l'îlot E : 32 familles (hommes de plus de 55 ans) soit 170 personnes ; 64 familles (chefs de famille femmes) soit 244 personnes ; 45 familles dont le chef est inapte physique soit 183 personnes ; 32 familles (tuberculeux) soit 170 personnes. Soit un total de 173 familles groupant 767 personnes. Le 16 décembre 1964, un détachement de 206 ex-supplétifs et familles quitte ainsi le camp de Rivesaltes à destination de la cité d'accueil de Saint-Maurice l'Ardoise. Toutefois, la question de la gestion des anciens supplétifs coloniaux ne s'avère ni réduite à la question des harkis, ni avoir trouvé son achèvement au sein de la structure rivesaltaise.

Si le camp de transit de Rivesaltes ferme ses portes officiellement le 31 décembre 1964, d'anciens déserteurs du Corps expéditionnaire français en Extrême-Orient (CEFEO), accompagnés de leurs familles, sont aussi rapatriés en France et envoyés au camp dès le 20 février 1964 : quatorze de nationalité française, cinq ressortissants de l'ex-

[276] CAC, 19920149/2. SRFIM, Note à l'attention du préfet Perony, 30 septembre 1964.

Union française (Congo, Tchad, Cote d'Ivoire, Sénégal), huit ex-légionnaires de nationalité étrangère (Yougoslave, Espagnol, Grèce). En provenance de Hanoï, ils sont en premier lieu hébergés au camp de Sainte-Marthe à Marseille[277], avant d'être envoyés au camp de Rivesaltes. Le 25 août 1964, un détachement de 36 Vietnamiens, avec femmes et enfants, arrive au camp en provenance de Marseille. À la date du 1er mars 1965, toutes ces familles sont regroupées à l'ilôt santé. Le 15 janvier 1966, le camp est officiellement vide de ces « rapatriés » d'Indochine[278].

Le camp de Rivesaltes accueille aussi une nouvelle vague de réfugiés avec des familles de militaires guinéens, entre décembre 1964 et décembre 1965[279], autre appendice d'une histoire coloniale et des tensions politiques entre la France et la Guinée de Sékou Touré. Ces militaires coloniaux sont venus accompagnés de leurs familles, soit environ 2050 personnes estimées à l'origine, seulement quelques centaines dans les faits[280]. Ils sont présents jusqu'en février 1966; gendarmerie et CRS ont dû d'ailleurs intervenir pour des actes d'insoumission. En septembre 1965, 129 enfants de militaires guinéens, d'anciens militaires rapatriés du Nord-Vietnam et d'anciens supplétifs, employés au chantier forestier, fréquentent le groupe scolaire Maréchal Joffre du camp. Le traitement de ces familles est d'ordre post-colonial. L'administration les blâme de vivre sempiternellement au milieu de leurs ordures et finit par leur octroyer des pelles plutôt qu'un service de ramassage. L'Éducation Nationale refuse de mettre à disposition des instituteurs pour les enfants. Finalement, un groupe scolaire est constitué en mettant tout ensemble les enfants guinéens, harkis, vietnamiens, et issus des personnels militaires et civils du camp[281].

[277] Le 30 novembre 1964, ils sont 20 anciens militaires, 12 femmes (majoritairement vietnamiennes ou cambodgiennes), 24 enfants et 7 nourrissons.

[278] SHD, 19 T 257. La présence de rapatriés d'Indochine est encore cependant attestée après cette date.

[279] Les principaux détachements arrivent les 14, 18, 24 et 26 décembre, ainsi que le 2 janvier 1965 en provenance d'Abidjan. D'autres rejoignent le camp par petits groupes durant le printemps 1965.

[280] ADPO, 1419W109, le préfet des Pyrénées-Orientales au maire de Rivesaltes, 13 novembre 1964.

[281] ADPO, 1419W109, l'inspecteur d'Académie au préfet des Pyrénées-Orientales, 2 décembre 1964; *idem*, rapport de la préfecture des Pyrénées-Orientales sur le groupe scolaire, mars 1965, 5 p.; *idem*, le maire de Rivesaltes au docteur W., 2 février 1966.

L'hébergement des rapatriés est à la charge du ministère des Affaires étrangères (plus spécifiquement le comité d'entraide aux Français rapatriés) qui remboursaient ainsi l'armée. Tous ces hommes et leurs familles sont progressivement rapatriés sur leur pays d'origine ou recasés dans le secteur civil.

Néanmoins, l'histoire postalgérienne du camp de Rivesaltes se poursuit finalement jusqu'en 1977. Des concentrations de familles d'anciens supplétifs demeurent ainsi sur ou autour du camp de Rivesaltes, selon des temporalités différentes : - le village civil, jusqu'en mars 1965 ; - le bidonville de Llabanère avec la présence de familles d'anciens supplétifs, d'immigrés algériens et de gitans jusqu'à sa résorption en 1965-1966 ; - et, enfin, le hameau forestier de Rivesaltes jusqu'en février 1977, jusqu'à la construction de la cité du Réart sur la commune de Rivesaltes.

Le « Village Civil », mis en place au second trimestre 1963 sur le camp de Rivesaltes, accueille des familles d'anciens supplétifs jusqu'en 1965, en attendant la construction par la Sonacotra d'un groupe d'immeubles[282]. Sont ainsi hébergés les « musulmans » susceptibles d'être incorporés dès à présent dans l'économie locale : les travailleurs désireux ou aptes à recevoir une formation professionnelle. Lors d'une visite le 21 mai 1964, 192 familles sont recensées au village civil. 71 anciens supplétifs ont été embauchés dans le « bâtiment » suite aux interventions à la préfecture des Pyrénées-Orientales. Un service social fonctionne en 1965 suite à la fermeture du camp de transit de Rivesaltes. D'autres familles, presque toutes issues du camp de Rivesaltes, ont aussi décidé de s'installer au bidonville de la Llabanère. Elles se retrouvent en complète promiscuité avec des gitans et des familles algériennes, ce qui entraîne des problèmes de sécurité[283]. En 1964, un incendie entraîne la mort d'un enfant.

---

[282] SHD, 10 T 549/2. Ministère de l'Intérieur, Direction générale des affaires politiques et de l'administration du territoire, service des affaires musulmanes, 2e trimestre 1964. À Marseille, à la cité des Tilleuls, la Sonacotra propose 87 logements à des familles de la région marseillaise et du camp de Rivesaltes.

[283] CAC 19920149/4. Rapport relatif aux problèmes du reclassement des Français musulmans rapatriés installés à Perpignan, 10 février 1965, inspecteur interdépartemental du service de reclassement des Français musulmans. Ces familles ont quitté le camp de Rivesaltes en présentant un certificat d'embauche et d'hébergement, pour pouvoir ainsi résider dans le bidonville. Ce dernier a ensuite augmenté en ampleur. Les autorités locales ont demandé à ce que la mission de liaison des rapatriés à Rivesaltes reprenne ces familles dans le camp. Cependant, ces dernières ont refusé de retourner dans le camp, préférant vivre dans le bidonville et travailler à Perpignan.

Les réminiscences de cette histoire postalgérienne prennent tout leur sens avec l'ouverture du hameau forestier, à la fin de l'année 1962. Dans une lettre du 16 août 1962 au secrétaire d'État aux Rapatriés, le ministre de l'Agriculture accepte l'ouverture d'un chantier[284]. Le préfet de Perpignan souhaite néanmoins son installation dans le camp même car « les lieux de travail ne sont situés qu'à 6 ou 7 km du camp et il demande que l'on tente de maintenir leur hébergement au camp en leur accordant certains privilèges pour leur installation »[285]. Le hameau forestier ouvre officiellement le 13 décembre 1962 avec 25 préfabriqués. Sous la direction d'un sous-officier de l'armée, le hameau compte finalement une population de 101 personnes : 26 hommes, 24 femmes, et 51 enfants[286]. D'autres familles rejoindront le camp par la suite. Initialement scolarisés dans l'école du camp de Rivesaltes, les enfants sont finalement envoyés, à partir de la rentrée 1965, à l'école primaire de Rivesaltes, afin de favoriser « l'assimilation ». Entre ici et là-bas, les familles sont encadrées par un personnel ayant vécu ou servi en Algérie : des anciens militaires qui se succèdent comme chefs de hameau, des monitrices de promotion sociale, soit pied-noir soit française-musulmane rapatriée, un ingénieur principal des Eaux et Forêts originaire d'Algérie…

Lorsqu'a lieu la première opération de résorption des hameaux forestiers entre 1964 et 1966, le conservateur et l'ingénieur des Eaux et Forêts demandent la conservation de celui de Rivesaltes au moins jusqu'en 1970, maintien jugé « essentiel pour mener à bonne fin les travaux de boisement et de restauration des séries domaniales de Torderes, Opoul et Salses, dans les premières collines dominant la plaine du Roussillon »[287]. Les 19 harkis sont ainsi utilisés au boisement et à l'aménagement de deux collines défavorisées du département : les Aspres (Tordères), l'extrémité des Corbières (Opoul, Salses). Les buts poursuivis sont la mise en valeur de l'arrière-pays du littoral catalan – le rendant accessible et attractif à toutes les catégories de vacanciers – et le désencombrement de la côte (campings, villégiature). Selon l'ingénieur des Eaux et Forêts, « les ex-harkis sont les seuls à accepter ce travail et à l'exécuter avec le soin nécessaire »[288].

---

[284] CAC 19910097/40.

[285] CAC 19920149/1. Compte-rendu de la tournée au camp de Rivesaltes, SFIM, 16 octobre 1962.

[286] CAC 19920149/3. SFIM. Situation des chantiers forestiers ouverts au premier janvier 1963.

[287] CAC 19910097/40. Courrier du conservateur des Eaux et Forêts au directeur général de l'espace rural, direction des forêts, 23 septembre 1965.

[288] CAC 19910097/40. Rapport du 17 septembre 1965.

Durant les années 1970, divers projets sont envisagés quant au devenir du hameau de Rivesaltes[289]. Celui d'implantation du hameau au Boulou, plus proche du lieu d'intervention de l'ONF, échoue devant le refus de la commune. Le 24 mai 1974, la commune de Rivesaltes propose par une délibération votée à l'unanimité que le reclassement s'effectue sur son territoire : du fait de l'âge dorénavant avancé des anciens supplétifs (en 1974, 8 sur 12 ont plus de 50 ans dont 2 plus de 60 ans, et 3 entre 40 et 50 ans)[290], et des inévitables difficultés d'intégration sur un autre site[291]. L'absence de coordination administrative demeure jusqu'au bout : alors que le hameau harki est situé dans l'enceinte du FPA, il est déménagé sans qu'en soit averti son directeur, entraînant le pillage des lieux par des personnes inconnues. Les familles sont ainsi transférées sur la commune de Rivesaltes, dans la cité du Réart[292]. Les années 2000 voient encore une fois ces familles de nouveau déplacées, dispersées et relogées avant la destruction de la Cité du Réart, considérée comme une zone à risque du fait des inondations.

[289] Au 1er octobre 1975 : 11 ouvriers (sur un total de 35 hameaux, 45 chantiers, 13 départements, 796 ouvriers, 56 membres du personnel d'encadrement).

[290] CAC 19910097/42.

[291] CAC 19910097/43. ONF, 28 avril 1977. En 1977, selon un rapport de l'ONF, aucun harki ne sait ni lire ni écrire.

[292] ADPO, 1578W16, lettre du directeur du centre de FPA au préfet des Pyrénées-Orientales, 14 février 1977.

La partie civile du camp Joffre entre en sommeil jusqu'à la décennie 1980. Quand, en 1984, l'État demande au préfet des Pyrénées-Orientales d'effectuer une étude pour savoir où installer un centre regroupant les immigrés clandestins, ce dernier lui répond que le plus mauvais choix serait celui du site du camp de Rivesaltes[293]... Fondé néanmoins en ces lieux en 1986, le Centre de Rétention Administrative a d'abord pour objet de rassembler les ressortissants espagnols en situation irrégulière sur le territoire français – soit l'année même où l'Espagne entre dans la Communauté Économique Européenne et où est signé un Acte Unique européen qui rend libres d'installation les seuls capitaux. Son second objet est le simple transit des clandestins d'autres nationalités. Le règlement prévoit que les retenus peuvent, après la fouille initiale, conserver leurs affaires personnelles hormis celles pouvant représenter un danger pour la sécurité. Les personnes sont considérées comme « retenues » et non détenues : elles sont gardées par l'armée, n'ont pas le droit de sortir de leurs « chambres » qui demeurent fermées à clef – hormis pour les repas et les trois promenades quotidiennes à l'intérieur du centre, d'une demi-heure chacune – mais il n'est pas possible aux gendarmes de faire feu sur un retenu tentant une évasion hormis cas de légitime défense. La capacité est de quatorze lits pour les hommes et quatre pour les femmes. Cinq gardiens officient mais sept agents sont mobilisés chaque jour pour les escortes. Cet effectif modéré entraîne que la consigne est de n'intervenir pour prévenir une évasion en cours que dans un périmètre de 300 mètres autour du centre, afin que les militaires n'abandonnassent pas les autres étrangers maintenus à une absence de surveillance. Au-delà, l'affaire doit être signalée à la brigade de gendarmerie de Rivesaltes qui prend alors le relais[294].

La pression maintenue sur la question du contrôle des flux migratoires par l'installation du Front National dans la vie politique française entraîne une transformation du droit des étrangers à chaque alternance. L'administration doit donc apprendre à s'adapter en continu. Les immigrés irréguliers font de même. Ainsi, la majorité parlementaire de droite élue en 1986 impose-t-elle des mesures restrictives. Mais il s'avère que parmi les dispositions adoptées, la législation prévoit que

[293] ADPO, 1647 W 26, lettre du préfet au ministre de l'Intérieur, 6 février 1984.

[294] ADPO, 2663W3, Gendarmerie Nationale, note de service n°1232/2, 29 septembre 1986, 9p. ADPO, 1647W26, préfet des Pyrénées-Orientales, rapport à l'Inspection générale de l'Administration, 9 janvier 1998, p. 2.

l'immigré ne pouvant fournir de documents d'identité peut faire appel aux autorités consulaires de son pays. Les consulats ne fournissant pas les documents à temps, les internés doivent donc être libérés à la date d'expiration de leur rétention administrative. Rapidement, les irréguliers prennent le pli d'affirmer qu'ils ne disposent d'aucun papier officiel lors de leur contrôle d'identité. Conséquemment, le procureur de la République de Nîmes décide à son tour d'utiliser les moyens du droit en ordonnant qu'ils soient immédiatement poursuivis en comparution immédiate au titre de l'ordonnance du 2 novembre 1945 qui permet d'emprisonner un an une personne en séjour irrégulier[295]. Le ministère de l'Intérieur insiste auprès des préfets : « Vous savez, leur écrit-il, l'importance qu'attache le Gouvernement à la lutte contre l'immigration clandestine ». À base de tableaux statistiques mettant en valeur leur progrès en termes d'arrêtés d'expulsion il les invite à adopter une culture du chiffre[296]. À cet égard, la préfecture des Pyrénées-Orientales ne peut que se féliciter de l'infrastructure fournie par le camp de Rivesaltes, qui lui permet d'atteindre des records d'expulsions en 1987[297]. L'évolution des effectifs est manifeste, puisque le centre de Rivesaltes a ainsi retenu 58 personnes en 1986, 285 en 1987 et 241 en 1988. La réélection de François Mitterrand en 1988 et le retour au scrutin majoritaire qui fait perdre son groupe parlementaire au Front National produisent une baisse de l'offre administrative de répression des irréguliers avec un taux qui redescend en 1989 à 70 individus retenus[298].

Ayant dépassé les 1 000 entrées annuelles depuis 1994, le CRA de Rivesaltes fut, sur le territoire français, l'un des plus importants centres de rétention des immigrés clandestins. En 1997, il a ainsi atteint 5 630 jours de rétention effectués dans l'année. Si les internés sont surtout de nationalité marocaine (environ un cinquième des effectifs) le centre dispose d'une liste de traducteurs accrédités qui démontre la grande variété des cas individuels : quinze pour l'anglais et l'espagnol, quatorze pour l'arabe, six pour le polonais, cinq pour l'italien et le russe, trois pour le chinois, etc[299]. En 2007, afin de pas interférer avec le projet muséographique dédié au camp de Rivesaltes, le CRA est déménagé. La nouvelle structure n'accueille plus que des hommes. Le

[295] ADPO, 1647W26, instruction du procureur de la République, 23 octobre 1987, 2 p.

[296] ADPO, 1647W26, le ministre délégué auprès du ministre de l'Intérieur chargé de la Sécurité, 16 avril 1987, 3 p.

[297] ADPO, 1647W26, notes internes de la préfecture, s.d.

[298] ADPO, 1647W26, préfet des Pyrénées-Orientales, rapport à l'Inspection générale de l'Administration, 9 janvier 1998, p. 3.

[299] ADPO, 2663W3, pochette du CRA listant les interprètes accrédités, 1998.

déménagement a rapproché le CRA de l'aéroport, ce qui fluidifie les procédures d'expulsion, et a permis son agrandissement. Passant de 16 à 48 places, il a accru sa productivité. De 974 étrangers retenus en 2005, il est passé en 2013 à 1 021 retenus de 92 nationalités, au premier chef en provenance du Maghreb et du Mali. Il s'agit essentiellement de personnes interpellées durant leur transit pour une autre destination que la France (sur un échantillon de 982 cas de 2013, c'est le cas de 69% d'entre eux)[300].

---

[300] Clémence Boré, *Entre frontière et franchissement. Étude sur les étrangers retenus au CRA de Perpignan*, mémoire de master II Pratiques Réflexive de l'intervention sociale, Université de Perpignan-Via Domitia, 2014, pp. 25-44 ; recherche aimablement communiquée par son directeur, Dominique Sistach.

Des milliers de juifs étrangers
qui s'étaient réfugiés en France
furent arrêtés et internés en 1940
dans le Camp de Rivesaltes, en zone libre.
D'août à octobre 1942,
plus de 2250 d'entre eux,
dont 110 enfants,
furent livrés aux nazis en zone occupée
par l'autorité de fait, dite
" Gouvernement de l'Etat Français ".
Déportés dans le camp d'extermination d'Auschwitz,
presque tous y furent assassinés
parce qu'ils étaient nés juifs.
N'oublions jamais ces victimes
de la haine raciale et xénophobe.
ZAKHOR

tsigane

IN MEMORIAM
Ici ont été internés, des enfants,
des femmes, des hommes civils
et militaires, lors de " la Retirada "
espagnole de février 1939.
L'A.A.C.V.G.R.E.

HONNEUR AUX HARKIS
25 SEPTEMBRE 2001
JOURNÉE D'HOMMAGE NATIONAL AUX HARKIS
La République Française

Il y a eu divers camps de Rivesaltes. Cela vaut pour les faits historiques, mais aussi pour leurs représentations. Historiquement, ce lieu constitue un ouroboros (un serpent qui se mord la queue) : les représentations que nous avons des usages passés du site en font varier les usages présents, qui reconfigurent à leur tour la mémoire des épisodes passés. Finalement, il faut interpréter tout ensemble histoire et mémoires du site, et non envisager leurs sens comme des réalités disjointes. En somme nous voilà plus, ou tout au moins autant, dans une problématique d'histoire culturelle et politique que juridique et administrative.

Durant la sortie de guerre, l'absence d'une mémoire du camp de Rivesaltes s'explique aussi bien par la permanence de l'usage du site, que par un régime général de mémoire fixé sur la question de la déportation politique. Ainsi, quand une conférence est donnée dans la commune le 20 juillet 1945 par d'ex-internés de Buchenwald, il n'est fait aucune référence au lieu et à la déportation raciale. Seuls les ex-internés politiques de Rivesaltes sont appelés à rejoindre la Société des Déportés de la Résistance[301]. Cette tendance demeure sous le gaullisme. En 1963, la préfecture des Pyrénées-Orientales réalise une synthèse historique relative au camp d'Argelès-sur-Mer, pour le compte de la Direction Générale de la Sûreté Nationale. Le document s'en tient à une énonciation très factuelle dont le ton souligne bien le régime de mémoire en place, par exemple lorsqu'il note qu'en avril 1940 « le camp est presque vidé de sa substance utilisable; il ne reste que des inaptes, des mutilés et une certaine quantité de femmes et d'enfants »[302]. Suite à la législation adoptée par la République Fédérale d'Allemagne quant à « l'indemnisation des persécutions nationales-socialistes » (1956), l'ambassadeur de la RFA en France est saisi de demandes d'indemnisation de réfugiés espagnols qui eussent été à Rivesaltes au printemps 1940. Il contacte le préfet des Pyrénées-Orientales, afin d'obtenir des informations lui permettant de traiter ces dossiers. Le processus entre mémoire revendicative sociale et

[301] ADPO, 38W66, lettre du commandant du camp au préfet des Pyrénées-Orientales, 13 décembre 1945.

[302] ADPO, 1287W1, préfet des Pyrénées-Orientales, rapport de synthèse sur le camp d'Argelès-sur-Mer, 11 août 1963.

innovation juridique est frappant, mais, en outre, la réponse du préfet témoigne de l'impossibilité du représentant de l'État de faire coïncider cette dialectique avec la connaissance historique. En effet, son courrier assène que les CTE-GTE « ont constitué le peuplement presque exclusif du camp militaire de Rivesaltes », faisant litière des autres internements et, en particulier, du camp spécial regroupant les juifs présents dans le Sud de la France[303].

La première tentative d'appréhender historiquement le camp de Rivesaltes revient au président du Comité Départemental de Libération. Camille Fourquet entreprit la production d'une série de synthèses relatives aux Pyrénées-Orientales pour le compte du Comité d'Histoire de la Deuxième Guerre Mondiale, un organisme interministériel, rattaché à la Présidence du Conseil, fondé par décret (17 décembre 1951). Il s'agit donc d'une politique historiographique officielle, d'autant plus pressante que l'année 1951 fut celle de la première grande loi d'amnistie des épurés : la mise en place d'une mémoire officielle doit aider le pays à extraire la guerre de son vécu présent[304]. La sympathique bonne volonté de Fourquet ne parvient ni à faire oublier l'amateurisme méthodologique qui est le sien – il ne donne pas ses sources – ni le plaidoyer *pro-domo* résistantialiste que constitue sa production. Établissant chronologie du camp et estimation d'effectifs et de déportations, la synthèse dédiée à Rivesaltes a un tel air de parenté avec l'historique réalisé par la Direction Départementale des Renseignements Généraux en 1958 qu'il est impossible de considérer cela comme fortuit. Cependant, le croisement de l'étude de l'ensemble du fonds Fourquet et des fonds situés aux Archives départementales des Pyrénées-Orientales fait apparaître que Camille Fourquet puise d'abord ses informations dans la documentation du service des étrangers de la Préfecture. De la comparaison des trois sources, il semble apparaître que Fourquet constitue la source dont s'inspire la DDRG. Or, à la page deux de son document, Fourquet écrit qu'il lui paraît n'y avoir aucun survivant des convois partis de Rivesaltes. Cette assertion est reprise par le document des Renseignements Généraux, lui-même ensuite utilisé par tous ceux qui se sont exprimés à propos du camp de Rivesaltes. Il s'agit bien de mémoire et non d'histoire. Pour sa part, Serge Klarsfeld estime le nombre de survivants des convois à 157[305].

303 ADPO, 1260W68, lettre du préfet des Pyrénées-Orientales à l'ambassadeur de RFA, 12 avril 1968.

304 Fourquet a remis son fonds aux ADPO en 1972, mais ses documents ne sont hélas pas datés.

305 *Le Calendrier de la persécution des juifs de France*, Paris, FFDJF, 1993, cité in

Cette erreur n'est pas qu'une maladresse interprétative : elle signifie que la mise en histoire du lieu est exactement concomitante de sa mythification. L'erreur humaine initiale change de sens en devenant un phénomène social. Là, le surplus homicide n'est pas gage de bonté d'âme et de souci des victimes. À l'échelle d'un département qui redécouvre le camp en période de marasme économique, à celle des individus qui se présentent comme spécialistes du lieu et porteurs de sa mémoire, c'est, aussi, une façon de concentrer du capital social. Dans un territoire peu développé économiquement, éloigné des centres urbains qui concentrent entreprises et universités, le passé est l'une des rares ressources mobilisables pour se notabiliser. Collectivement, nous n'avons pas su chercher à comprendre le camp de Rivesaltes pour saisir notre État et notre société, voire nos propres parts d'ombre. Nous y avons puisé notre valorisation par péjoration du passé.

La première remise en mémoire a trait à la période vichyste du camp. Elle a lieu en 1997, de manière désordonnée, car effectuée dans un contexte politique local et culturel national très spécifique. Elle se fait dans un climat de scandale : c'est ce qui fut baptisé « l'affaire du fichier de Rivesaltes ». À l'échelle nationale, les années qui ont précédé furent marquées par une interrogation obsessionnelle de la mémoire de la Seconde Guerre mondiale, et un questionnement récurrent sur un possible retour en force de l'antisémitisme. La décennie 1990 a été inaugurée par la profanation du cimetière juif de Carpentras, entraînant une manifestation fleuve dans Paris, avec à sa tête le Président de la République. Le Front National s'écriait qu'il s'agissait d'une manipulation d'État afin de le déstabiliser. Après six années de chaos médiatico-judiciaire, les responsables (des jeunes skinheads, pour certains originaires des environs de Perpignan) sont arrêtés et jugés au moment même où éclate l'affaire du fichier de Rivesaltes. La mémoire de l'antisémitisme est à vif. L'Assemblée nationale a voté la loi Gayssot qui pénalise les discours négationnistes, tandis que la notion de « devoir de mémoire » s'est invitée parmi les sujets de philosophie du baccalauréat. L'ancien milicien Paul Touvier a obtenu un non-lieu à son procès en 1992 avant d'être condamné en 1994. Entre-temps était assassiné René Bousquet, l'ancien Secrétaire général à la police de Vichy. Le film de Steven Spielberg *La Liste de Schindler* bouleversait les spectateurs, alors que le livre de Pierre Péan *Une jeunesse française* déclenchait un ouragan politico-médiatique autour du passé de François Mitterrand

ADPO, « Note à l'attention de Monsieur le Président du Conseil Général », 3 mai 2000, p. 5.

et de la façon dont il faudrait lire le pétainisme de 1940-1942. À peine élu, le Président Jacques Chirac affirmait la responsabilité de la France dans la politique antisémite de Vichy. Cela ne suffisait pas à liquider les tensions. En 1996, l'abbé Pierre apportait son soutien à son ami Roger Garaudy, auteur de l'ouvrage négationniste *Les Mythes fondateurs de la politique israélienne*. Pour le retentissement de l'affaire du fichier de Rivesaltes, importe tout particulièrement le scandale du « fichier juif » en 1991. Serge Klarsfeld révèle alors l'existence d'un « fichier juif » qui eût été conservé après la guerre. L'affaire s'avère fausse. Mais elle témoigne d'autant plus de l'extrême tension existant autour de ce qui a trait au judéocide, et de la représentation sociale démesurée qui peut être faite des fichiers.

Nombre de ces éléments de tension culturelle se retrouvent à l'échelle locale mais retendus par un contexte politique vivement concurrentiel. Le tournant se situe en 1993. Jean Xatard, membre de l'Union pour la Démocratie Française et cousin de la famille Alduy (avec qui il est alors fâché), avoue être à l'origine de l'attentat à la bombe qui a mutilé son camarade de parti Jean-Claude Madrenas, dans le cadre de leur compétition pour l'investiture aux élections législatives de 1993[306]. Des municipales partielles se déroulent également à Perpignan en 1993 – sans Paul Alduy, maire depuis 1959. Durant la campagne électorale, le carré juif du cimetière du quartier du Haut Vernet est profané. Finalement, Jean-Paul Alduy ravit la mairie de Perpignan à la tête d'une liste centriste au dauphin de son père, le chiraquien Claude Barate. Pour le Front National, la profanation du cimetière est une manipulation dirigée contre lui, sur le modèle de la profanation de Carpentras deux ans plus tôt, et serait ce qui l'a empêché de conquérir l'Hôtel de Ville. L'État renouvelle son représentant sur place en nommant à la préfecture Bernard Bonnet (rendu célèbre en 1999 par « l'affaire des paillotes » en Corse). Pour la rumeur publique la chose est bientôt entendue : c'est un préfet de mission chargé de l'élimination politique du nouveau maire au bénéfice du rassemblement Pour la République, dans le cadre de la guerre interne aux droites. Un affrontement entre le nouveau maire de Perpignan et le Préfet se met publiquement en place.

Le camp de Rivesaltes devient un enjeu symbolique au printemps 1997. Sous la signature du journaliste Joël Mettay, le quotidien roussillonnais *L'Indépendant* du 8 mai 1997 révèle qu'un particulier non nommé a trouvé à la déchetterie de Perpignan des liasses de documents originaux relatifs aux internés juifs du camp de Rivesaltes

[306] *L'Express*, 3 décembre 1993.

et à leur déportation vers Drancy. Le lendemain, un communiqué de presse du préfet argue que « quatre ans après la profanation du cimetière juif à Perpignan, le 11 juin 1993, la mémoire collective est à nouveau profanée » et précise que la directrice des Archives départementales tiendra l'après-midi même une conférence de presse. Cette dernière y déclare qu'il y a eu violation de la loi de janvier 1979 faisant obligation de remise des documents publics à l'administration des Archives, que les documents publiés ne sauraient provenir d'un vol réalisé au sein des Archives, enfin qu'elle s'interroge quant à la publication de ces documents dans la presse, et quant au fait que Joël Mettay ne l'ait pas contactée. Toutefois, la conférence de presse est perturbée par l'arrivée de Joël Mettay et de Jacques Chamoux, l'employé municipal qui avait découvert les documents et qui avait d'abord souhaité préserver son anonymat. Après avoir remis les archives, Jacques Chamoux précise n'avoir su que faire de sa découverte en novembre 1996, avoir pensé qu'il ne servait à rien de remettre des documents à une administration qui, à son sens, venait de les jeter, avoir écrit sans retour au président de la communauté juive perpignanaise. *In fine*, il eût remis fin mars ses archives au journal local. Le journaliste Joël Mettay prit du retard dans le traitement de la documentation, et décida en conséquence de publier l'article à la date anniversaire du 8 mai.

La thèse complotiste et le syndrome du soupçon s'avèrent hégémoniques en réponse à ces déclarations. Le FN se saisit des arguments offerts et de cette « manipulation politique qui rappelle le coup de 1993 ». Claude Barate déclare que « comme en 1993, en pleine période électorale, il y a tentative de manipulation ». Le préfet et des représentants d'associations juives se rencontrent et adoptent des positions particulièrement offensives. Le Préfet Bonnet dénonce dans le *Midi libre*, quotidien très agressif à l'égard de Joël Mettay, le fait « qu'on a voulu faire un coup en choisissant de diffuser ce document en pleine campagne électorale»[307]. Le représentant de l'État porte plainte contre Joël Mettay et Jacques Chamoux pour « recel » d'archives, et requiert une enquête de la Police Judiciaire. Serge Aïdenbaum, secrétaire général du Congrès juif européen, fait savoir qu'il avait, durant des années, tenté en vain d'obtenir des documents relatifs à l'internement de son père à Rivesaltes. De son côté, Henri Hajdenberg, président du Conseil

[307] Cités in Tribunal de Grande Instance, jugement correctionnel du 18 janvier 1999, p. 3 (Joël Mettay contre Jean-Louis De Noëll – le second, leader local du FN à cette date aujourd'hui passé à l'Union pour un Mouvement Populaire, étant condamné pour diffamation mais dispensé de peine pour cause d'absence de troubles à l'ordre public au moment du jugement).

Représentatif des Institutions juives de France (CRIF), s'indigne de ce que ces archives n'aient pas été rassemblées après la guerre. « On peut s'interroger, affirme-t-il, sur les intentions des autorités publiques en France pendant des années et des années de faire la lumière sur les archives de cette période ». Conséquemment, le CRIF souhaite dans un communiqué que tous les documents relatifs au camp soient réunis au Centre de documentation juive contemporaine – c'est-à-dire qu'ils soient extraits du champ des services publics d'archives. Quant à Serge Klarsfeld, il apporte son aura médiatique au jeu préfectoral. Il reprend en effet le discours des services départementaux en affirmant que les documents n'apporteraient rien de très nouveau sur le plan de la connaissance historique et en mettant en cause leur découverte dans une décharge. Selon lui, ils proviendraient d'un employé aux écritures de la préfecture dont les héritiers auraient trouvé les documents chez lui[308].

Le 17 mai 1997, toutefois, le premier adjoint de la municipalité de Perpignan lit un communiqué à la presse reprenant la forme du « J'accuse » de Zola : c'est une charge contre la préfecture accusée d'être responsable tant de la perte des archives que d'une manipulation *a posteriori*. L'enquête interne des services municipaux est transmise aux journalistes. Selon elle, les archives ont été trouvées en 1995 lorsque la ville a pris possession de l'ancienne prison, et les archives départementales avaient été prévenues de ce fait.

En somme le scandale a été totalement déplacé de la question du fichier en-soi à celle de la publication de sa découverte en fonctionnant en systèmes accusatoires, opposant d'une part Joël Mettay, *L'Indépendant* et la mairie de Perpignan au préfet des Pyrénées-Orientales ; d'autre part ce dernier, *Le Midi Libre*, le Rassemblement Pour la République, le Front National, des représentants de la communauté juive, à Joël Mettay et, en moindre part, au maire de Perpignan. Finalement, le rapport de la Police Judicaire fuite instantanément en direction de la presse. Joël Mettay rédige un article dans *L'Indépendant* qui expose que, refusant la manipulation, le quotidien a décidé de ne pas diffuser ce document ; à mots à peine voilés il pointe du doigt le préfet, sous-entendant qu'il soit le corbeau. Dans les colonnes du *Midi libre,* Luc Malepeyre publie quant à lui un résumé du document, et en conclut que l'enquête désigne comme seule et unique responsable la mairie de Perpignan. En fait, ce rapport de la PJ témoigne avant tout de la légèreté de l'ensemble des services administratifs départementaux. Il présente un processus où la faute paraît surtout relever du dilettantisme. Les archives du camp de

308 *Le Nouvel observateur,* 22 mai 1997 et *L'Humanité,* 5 octobre 1997.

Rivesaltes avaient été entreposées à la prison de Perpignan, explique-t-il. La direction de celle-ci n'avait pas examiné ces documents, les reléguant dans un coin, sans attention particulière, jusqu'au déménagement de la prison en février 1988. Lorsqu'en 1995, la mairie de Perpignan rachète les locaux, les responsables des Archives municipales constatent la présence de stocks d'archives relatives à la Seconde Guerre mondiale et à l'internement. Ils avisent la direction des Archives départementales. Celle-ci leur répond qu'elle va faire procéder à l'enlèvement des pièces en quelques jours. L'affaire s'étiole et s'étale, mais, entre le 9 et le 15 avril 1996, le service municipal de propreté urbaine intervient et ramasse le container où sont déposées les archives. Quand, le 9 mai 1996, les cadres des Archives départementales reviennent, il n'y a plus rien. Chacun repart à ses occupations. C'est donc à la déchetterie que deux employés, Jacques Chamoux et l'un de ses camarades, découvrent des chemises bleu pâle attachées par des ficelles et contenant de vieux papiers... Ils les inspectent. Ils considèrent que les papiers ne doivent pas être détruits et les extraient du lieu. Jacques Chamoux prend, en vain, contact avec la synagogue de Perpignan puis avec l'hebdomadaire *La Semaine du Roussillon*. Début mars 1997, il se présente auprès de *L'Indépendant* et confie sa découverte au journaliste Joël Mettay...[309]

L'enquête judiciaire fait nettement litière des théories du complot. Elle ne révèle que le quotidien de services publics mal coordonnés, non motivés, et où la prise de décision est diluée. « L'affaire du fichier » n'en est pas une et ne s'avère que ce que l'on nomme aujourd'hui un "buzz". Elle n'a eu quelque épaisseur qu'un temps, et qu'à cause du climat politique délétère où elle était manœuvrée. En revanche, elle lance la mémoire du camp de Rivesaltes en tant que phénomène social. À peine le premier article est-il paru le 8 mai 1997 que l'écrivain Claude Delmas téléphone au journal *L'Indépendant.* L'employé qui reçoit son appel note : « veut créer comité pour un mémorial à Rivesaltes »[310]. Le soir du 9 mai le collectif est constitué et une pétition lancée, la médiatisation de l'affaire permettant d'attirer d'emblée des signatures elles-mêmes médiatiquement porteuses (l'ancienne ministre Michèle Barzach et le comédien Michel Boujenah sont ainsi des premiers signataires). En fin d'année, c'est la projection d'un film qui achève de sensibiliser la population perpignanaise à l'existence de ce camp délabré, si proche et si lointain. L'association « Pour une Mémoire vivante du camp de Rivesaltes » et la cinémathèque Jean Vigo invitent la réalisatrice suisse

[309] Police Judiciaire, 5 p., archives personnelles.
[310] Note manuscrite « Media ayant appelé », p.3 ; archives Joël Mettay.

Jacqueline Veuve à venir présenter le film qu'elle vient de réaliser, *Le Journal de Rivesaltes 1941-1942*, adapté des mémoires de l'ancienne infirmière du camp Friedel Bohny-Rieter. À en lire le compte rendu du journaliste Michel Lloubes, qui couvre avec une sympathie manifeste pour le journal *L'Indépendant* ce qui a trait à la mémoire du camp, une prise de conscience se cristallise alors. Il rapporte diverses réactions, telle celle-ci : « Comment de telles horreurs ont-elles pu se passer là, sur ce terrain que nos parents traversaient pour aller à la vigne, ? Comment se fait-il que ces événements aient été occultés si longtemps ? »[311].

Le retour en mémoires ne se fait donc pas dans le registre de l'analyse historique ou sociale, mais dans le domaine de l'émotion et du jugement *a posteriori*. À l'amnésie succèdent les marchands de mémoire, à l'histoire internationale et locale se substituent les revendications communautaires sur le passé. Dans ce contexte, il y a d'abord surfocalisation sur la période 1941-1942, en ignorant sincèrement l'existence antérieure du camp, en oblitérant ses usages postérieurs. Le régime de mémoire n'a pas encore intégré la phase d'après-guerre. C'est pourtant ce redéploiement continu, de décennie en décennie, de groupe humain en groupe humain, qui donne sens au camp de Rivesaltes. C'est ce qui fait qu'il n'est pas qu'un hasard géographique.

Les Roussillonnais ne constituent nullement un groupe à part quant à cette relation au passé. À compter du début des années 1970, le rapport des Français à leur histoire s'est fragmenté en même temps que leur société, et ce processus ne touche pas que la France, loin s'en faut. Les grands récits expliquant l'histoire de manière globale, tels que le marxisme ou le christianisme, ont reculé face à la globalisation. Les institutions qui les représentaient n'ont plus été en mesure ni de présenter aux masses une vision du monde faisant lien commun, ni de leur fournir un encadrement (milieux associatifs, syndicats, moments dominicaux de convivialité, etc.), ni de leur proposer un horizon d'attente positif donnant sens à leur cheminement (un paradis terrestre ou céleste au bout des difficultés quotidiennes). Le repli de la valorisation collective a fixé celle-ci sur des mémoires qui se sont communautarisées au fil des années 1980-1990. Ces mémoires particulières ont abouti à des communautés morales et associatives affirmant se fonder sur une tragédie initiale non reconnue par l'État-Nation. Il s'agit là d'un processus identitaire classique, le groupe constituant sa conscience

[311] *L'Indépendant,* 3 décembre 1997.

de soi par la dévalorisation d'un « autre » et, en l'occurrence, par la segmentation de l'histoire, dont un épisode est retranché du flux et du patrimoine communs pour en faire un bien idéel propre.

Le phénomène culturel est conforme aux évolutions économiques et politiques. La dynamique est d'autant plus multiple qu'à partir de la fin des années 1950 les publicitaires et les industriels des États-Unis ont développé une communication par segmentation (un message est dirigé vers « les jeunes », un autre vers « les femmes », etc., offrant à chaque fois un argument plus spécifique à un sous-groupe plus étroit). Les politiques se sont vite emparés de cette méthode – qui avait même été utilisée dès 1949 par le Parti Communiste Français. Le mouvement est logique : le politique et le marché de la société de consommation ont intérêt à disposer d'une population subdivisée, avec décomptes, schémas, classifications, pour leur permettre de rationaliser leur action. La segmentation permet de découper le corps électoral en groupes, niches, communautés, puis d'adresser à chaque élément ainsi défini un message censé lui correspondre, d'où l'insistance à mettre en avant les identités ethno-culturelles, afin de disposer de groupes clairement définis. Au-delà des idéaux individuels de personnes soucieuses de rendre hommage à leurs ascendants, il existait donc des raisons structurelles favorisant l'émergence de diverses mémoires et communautés, pouvant par la suite se retrouver en concurrence quant à la représentation du camp de Rivesaltes.

Par ailleurs, la massification de l'enseignement et de l'information a fait progresser le niveau de connaissances et a popularisé l'histoire – en particulier celle des temps récents, le médium télévisé privilégiant la période permettant de disposer d'archives filmiques. L'augmentation de la demande et de l'offre a permis un développement du marché de l'histoire (livres, revues, documentaires, expositions) qui dispose de ses segments thématiques. Le phénomène mémoriel est donc accentué par cette dynamique, l'extension du marché de biens culturels nécessitant le développement de niches thématiques (histoire de telle communauté, patrimoine de tel territoire, collection de livres sur les témoignages de telle tragédie, etc.).

À la fin des années 1990, un tissu associatif est apparu dans les régions Midi-Pyrénées et Languedoc-Roussillon, voulant représenter une communauté de descendants des républicains espagnols. Les institutions locales ont souvent rapidement relayé ces initiatives privées (inauguration de plaques, expositions, commémorations)[312]. Il est vrai

[312] Federica Luzi, « Réfugiés espagnols en France. L'évolution des discours mémoriels »,

que la mémoire antifasciste avait été massivement mobilisée en 1998 lors de manifestations consécutives à des alliances entre droites et extrême droite pour gérer certains conseils régionaux, dont celui de Languedoc-Roussillon. Sur ces zones de présence de descendants de la *Retirada*, la possibilité d'identification à la cause des républicains espagnols s'en trouvait accélérée. Dynamique associative et contexte politique semblent avoir joué. En effet, les exécutifs en tête pour relayer les demandes mémorielles de l'exil espagnol sont gérés par le Parti Socialiste. C'est le cas de la mairie d'Argelès-sur-mer, du conseil général des Pyrénées-Orientales, ou du conseil régional de Midi-Pyrénées. Lorsque le conseil régional de Languedoc-Roussillon bascule à gauche en 2004, son président Georges Frêche adopte là aussi cette politique de mémoires.

Dans les Pyrénées-Orientales, l'histoire de la production de la mémoire républicaine espagnole n'a pas pour épicentre le camp de Rivesaltes, mais celui d'Argelès, comme l'a reconstituée l'anthropologue Véronique Moulinié. L'élan part timidement : en 1982 un artiste qui fut interné à Argelès envisage un projet de monument. Dans le même temps d'anciens guérilleros décident d'entretenir le cimetière des Espagnols, tombé à l'abandon. En 1986, une bénévole de la bibliothèque, Sonia Marzo, décide de réaliser une exposition sur le sujet avec les scolaires, en travaillant avec d'anciens combattants espagnols. L'exposition est un échec de fréquentation, mais Sonia Marzo décide de monter un fonds thématique à la bibliothèque et de lancer une seconde exposition pour la sortie du film de Ken Loach *Land and Freedom* (1995), grande fresque de la guerre civile espagnole. Cette fois-ci, le succès populaire est au rendez-vous. Le public étant sensibilisé, il y a une demande d'Histoire, phénomène auquel les pouvoirs publics français tendent à répondre depuis les années 1970 par des pratiques patrimoniales et commémoratives[313]. La municipalité y répond donc par une grande exposition en 1999, avec débats et inauguration de stèle. Peu avant son inauguration, des citoyens argelésiens fondent l'association FFREEE (Fils et Filles de Républicains Espagnols et Enfants de l'Exode) qui se présente comme la porteuse légitime de cette mémoire. Comme toute communauté qui s'édifie, elle construit bientôt un « récit des origines » qui lui attribue l'action de résurrection de la mémoire des républicains espagnols[314]. Ces événements se déroulent dans le même espace-temps

*New Cultural Frontiers*, vol. 3, 2012, pp. 91-104.

313 Cf. Jean-Pierre Rioux, *La France perd la mémoire*, Paris, Perrin, 2006.

314 Cf. Véronique Moulinié, « Polyphonie ou cacophonie ? La mémoire des républicains

que la redécouverte de l'histoire du camp de Rivesaltes et de la maternité d'Elne. Il y a à leur origine une action politique, mais le succès social dépend de l'investissement de « citoyens », condition indispensable à l'heure où le politique est démonétisé. Ce dernier cherche à accompagner le mouvement. Par là-même, il montre qu'il coopère avec le milieu associatif, selon le principe « qui se dit représentatif d'une communauté est censé l'être ». Dans le même temps, cette action lui permet de ne pas être dépendant de ce milieu associatif. Ainsi la mairie d'Argelès met-elle en place un CIDER (Centre d'Interprétation et de Documentation sur l'Exil et la *Retirada*), transformé en 2014 en Mémorial du camp d'Argelès-sur-Mer. Le mouvement associatif est dans une relation avec le politique autant faite de coopération que de concurrence : FFREEE s'impose comme référent associatif au Conseil Général dès le début de la réflexion sur la création d'un mémorial du camp de Rivesaltes.

La mémoire associative est d'autant plus dynamique qu'elle doit faire émerger la question espagnole, alors qu'à ce stade le camp de Rivesaltes correspond à la mémoire de l'antisémitisme. Le phénomène de concurrence avec la mémoire juive de l'extermination est propre à toutes les revendications communautaires mémorielles qui émergent. Il est évident que l'intitulé de FFREEE est choisi en référence à l'association de Beate et Serge Klarsfeld des Fils et Filles des Déportés Juifs de France fondée en 1979. D'ailleurs, naissent à la même époque que cette revendication républicano-hispaniste un Collectif des Filles et Fils d'Africains Déportés, et un Conseil Représentatif des Associations Noires (en référence au Conseil Représentatif des Institutions juives de France). Cette mémoire de l'esclavage met en avant un parallèle entre l'esclavage, rebaptisée pour l'occasion « *Yovodah* », et la « *Shoah* », selon l'expression communautarisée et médiatisée pour désigner l'extermination des juifs d'Europe[315]. Cette production mémorielle *ex nihilo* correspond à l'évolution de l'action politique, qui tend à se replier sur les compensations symboliques (vote en 2001 de la loi Taubira sur la reconnaissance de l'esclavage comme crime contre l'humanité). Dans ces revendications de reconnaissance se trouve l'influence des constructions identitaires américaines – la construction d'une identité noire, basée sur un esclavage en compétition mémorielle

espagnols en Languedoc-Roussillon », Gaetano Ciarcia dir., *Ethnologues et passeurs de mémoires*, Actes du colloque international organisé par la Maison des Sciences de l'Homme de Montpellier, Paris - Montpellier, Karthala MSH-M, pp. 258-260.

[315] Jean-Yves Camus, « *The Commemoration of Slavery in France and the Emergence of a Black Political Consciousness », The European Legacy»*, vol. 11, n°6, 2006, pp. 647–655.

avec l'extermination des juifs européens, a été importante aux États-Unis dès le début des années 1970[316]. La mémoire est certes une action civique, mais elle fonctionne bien, par ailleurs, comme un marché, où des acteurs entrent en concurrence pour obtenir l'attention des institutions et une évolution des représentations sociales.

Localement, la demande culturelle a pu être soutenue par la réactivité des acteurs du secteur de l'information. Des journaux comme *L'Indépendant* et *La Semaine du Roussillon* ont proposé de nombreux articles autour de la *Retirada* et des camps, en particulier celui de Rivesaltes. Il est vrai qu'outre le cas de Joël Mettay, se trouve parmi les journalistes roussillonnais l'historien des camps de la *Retirada*, Grégory Tuban – auteur et coauteur entre autres des *Séquestrés de Collioure : un camp disciplinaire au Château royal en 1939* (2003), de *Février 1939 : La Retirada dans l'objectif de Manuel Moros* (2008) ou *Camp d'Argelers 1939-1942* (2011). Les maisons d'éditions installées sur le territoire ont proposé une gamme d'ouvrages relatifs à la *Retirada*, la Seconde Guerre mondiale ou l'arrivée des rapatriés dans le département. Dès 1991, Trabucaire réédite l'étude collective, discrètement parue dix ans plus tôt sous le titre *Les Camps du mépris. Des Chemins de l'Exil à ceux de la Résistance*. Une décennie après, *L'Archipel du mépris* de Joël Mettay (2001) offre la première perspective d'ensemble du camp de Rivesaltes. L'existence d'une université autonome dotée d'un centre de recherches historiques a permis une production de masters relatifs à ces thèmes, parfois ensuite publiés par ces maisons d'éditions (citons comme travaux universitaires devenus ouvrages les cas d'Anne Boitel, *Le Camp de Rivesaltes 1941-1942*, 2001 ; Tristan Castanier i Palau, *Femmes en exil, Mères des camps – Elisabeth Eidenbenz et la maternité suisse d'Elne (1939-1944)*, 2008 ; Philippe Bouba, *L'Arrivée des Pieds-Noirs en Roussillon en 1962*, 2009), ainsi que la mise en place de journées d'études thématiques (citons André Balent et Nicolas Marty sd., *Catalans du nord et Languedociens et l'aide à la République espagnole, 1936-1946*, 2010). Le cercle est vertueux, d'autant plus si l'on note que c'est « le scandale du fichier de Rivesaltes » qui mena Anne Boitel à souhaiter réaliser la première étude sur le camp. Autant la dialectique histoire-mémoires a souvent un bilan négatif, autant il existe ici des points de complémentarité.

---

[316] Cf. Sarah Fila-Bakabadio, « Holocauste contre holocauste : de la rhétorique afrocentriste aux expressions d'un antisémitisme noir », *Diasporas*, n°10, 2007, pp. 68-81. Les dérives antisémites de cette concurrence, vite apparues aux États-Unis, ont été symbolisées en France par les diverses « affaires Dieudonné », amplement basées sur cette concurrence esclavage-extermination.

Les sociétés civile et politique ont répondu à cette production mémorielle, en particulier à la mémoire républicano-hispanisante. Outre les mémoriaux d'Argelès (2014) et Rivesaltes (2015), la maternité d'Elne a été aménagée, un musée de la *Retirada* a été inauguré à la Junquera (Mume, « *Museu Memorial de l'Exili* »), et la mairie de Perpignan a annoncé en 2014 que l'ancien couvent qui abrite le centre de documentation sur la présence française en Algérie, comportera à terme une aile dévolue à un « centre de documentation sur l'exil des Républicains espagnols ». Ce dernier projet présente de nets airs de concurrence avec celui du Mémorial de Rivesaltes, en liant à son tour 1939 et 1962. Cela souligne le caractère non coordonné de cette offre thématique, trop multiple sur un territoire étroit pour que chaque projet puisse participer à nourrir une dynamique économique et culturelle globale. À côté des tourismes bleu et blanc, la mer et la montagne offertes par ce département, une offre cohérente de tourisme gris, culturel, eût pu aider à faire la soudure entre les saisons touristiques dans un territoire connaissant de grandes difficultés socio-économiques. Le mille-feuille administratif est un mille-feuille électoral, d'où cette incohérence de l'offre induite par le souci de chaque exécutif de satisfaire aux demandes des segments sociaux de leur circonscription[317].

La mise en mémoires du territoire a entraîné un phénomène inattendu : l'intégration du camp de Rivesaltes, *via* ses usages sauvages, à la vie de la jeunesse roussillonnaise. Jusque-là extérieur à la vie de la population, le lieu a intégré un temps le circuit des *free parties* techno ; il a également servi pour des parties de *paintball*, et pour des séances de jeux de rôles. On peut certes considérer ces usages comme une faute de goût, voire une quasi-profanation, si on pense le monde de façon moraliste, et si on considère que la « mémoire » appartient à ses porteurs spécialisés, politiques ou associatifs. Mais, sinon, il faut voir là un fait culturel au sein de la population. Le fait qu'il soit apparu quand était lancée l'agitation mémorielle autour du lieu fait sens, et témoigne que la jeunesse locale a su faire sienne ce lieu dans ses occupations propres. Il s'agit peut-être là d'une forme de résilience

[317] Avec une sur-estimation du poids démographique des « communautés ». Du côté du PS, circulait ainsi l'idée que le tiers de la population roussillonnaise descendait de la *Retirada*. Après calculs sur la liste électorale perpignanaise, on ne parvient qu'à un chiffrage de 3% d'inscrits nés en Espagne, et il semble que l'immigration espagnole post-1956 y importe. Par ailleurs, ces personnes ne sont pas regroupées spatialement, signe de leur intégration et non d'un fonctionnement communautaire (Jérôme Fourquet, Nicolas Lebourg et Sylvain Manternach, *Perpignan, une ville avant le Front national ?*, Paris, Fondation Jean Jaurès, 2014, pp. 63-67).

sociale, c'est-à-dire d'un dépassement collectif d'un traumatisme. En ce cas, ce dernier n'est pas le camp lui-même mais sa résurgence mémorielle, marquant l'oubli antérieur. Tous ces usages sont le fait de jeunes gens. Ils reposent tous sur la participation, le bénévolat, la gratuité : ce ne saurait être de vulgaires coïncidences. La mémoire ne relève pas uniquement des entrepreneurs politiques : il y a ici, dans ces usages sauvages, une mémoire vive qui contribue à intégrer ce site au cadre de vie roussillonnais. Il est aujourd'hui acquis que les camps en général et celui de Rivesaltes en particulier constituent un « lieu de mémoire » du département, selon le fameux concept défini par Pierre Nora : « Le lieu de mémoire suppose, d'entrée de jeu, l'enfourchement de deux ordres de réalités : une réalité tangible et saisissable, parfois matérielle, parfois moins, inscrite dans l'espace, le temps, le langage, la tradition, et une réalité purement symbolique, porteuse d'une histoire. (...) Lieu de mémoire, donc : toute unité significative, d'ordre matériel ou idéel, dont la volonté des hommes ou le travail du temps a fait un élément symbolique du patrimoine mémoriel d'une quelconque communauté »[318].

Le camp de Rivesaltes connaît son dernier avatar : sa transformation en un espace de mémoires dont Denis Peschanski a été nommé directeur scientifique et Robert Badinter président d'honneur[319]. Les auteurs du présent ouvrage ont participé à ce projet durant quelques années, afin de réaliser l'histoire du site et trouver les pistes muséographiques au sein des archives. Prévue initialement pour 2006 sur un budget de 12 millions d'euros, l'ouverture du Mémorial a été souvent repoussée. Issu du Conseil Général, le projet est récupéré par le Conseil Régional en 2012. La première pierre est finalement posée en septembre 2012 avec une ouverture annoncée en 2015. Une course à la revendication mémorielle se fait depuis la pose, en 1994, d'une stèle à la mémoire des juifs déportés du camp de Rivesaltes vers Auschwitz. Le 2 décembre 1995, une plaque est inaugurée en hommage « aux soldats réguliers et aux supplétifs issus de l'Armée d'Afrique », puis elle est surmontée, en septembre 2001, par une stèle commémorative[320]. Une nouvelle

[318] Pierre Nora, *Les Lieux de mémoire*, tome 3, Paris, Gallimard, 1992, p. 936.

[319] Historien (CNRS-Paris I), Denis Peschanski est l'un des principaux spécialistes des camps d'internement. Il soutient son doctorat d'État *Les Camps français d'internement, 1938-1946* en 2000, attirant l'attention du Conseil Général des Pyrénées-Orientales qui cherchait un référent scientifique pour son projet de mémorial. Il est par ailleurs engagé dans la vie politique, étant un membre actif du PS.

[320] Abderahmen Moumen, « Les lieux de mémoires du groupe social "harkis". Inventaire,

stèle est installée le 30 octobre 1999, à la mémoire des républicains espagnols. Une autre encore, le 13 décembre 2008, à l'initiative de la Cimade, « aux milliers d'hommes et de femmes dont le seul tort était d'être étrangers » en référence au Centre de rétention administrative. Le 14 janvier 2009, ce fut un monument pour les Tziganes.

Il y a aujourd'hui une rangée de symboles commémoratifs, les uns à côté des autres, sans souci de cohérence visuelle ou d'interprétation commune. Les stèles n'ont pas été placées dans l'ordre chronologique des phénomènes qu'elles commémorent, mais au fur et à mesure que surgissaient telle ou telle mémoire revendicative et des associations pour les porter. La linéarité des monuments n'est pas sans poser question : on peut être soucieux de l'humanité avec laquelle la France doit traîter les cas des immigrés clandestins, tout en étant gêné de voir matérialiser la détention légale de personnes en infraction en prolongement de l'internement arbitraire, la mort sur place, la déportation. Cette gêne n'eut pas été telle si un sens commun avait été dégagé, si une perspective liant les hommes avait été tracée.

Cette difficulté à penser le commun se retrouve dans le projet muséographique. Le concours d'architecture a été remporté par le célèbre architecte Rudy Ricciotti – à qui l'on doit, par exemple, le MUCEM marseillais. Un détail nous intrigue : il se propose entre autres de constituer un espace avec quatre arbres, représentant « quatre communautés martyrisées » : Espagnols, juifs, Gitans, et harkis. Quel sens peut avoir ce mot de « communauté » qui confond ici tout ensemble des réfugiés politiques, des nationaux persécutés, des personnes ayant en commun qui une religion, qui un statut administratif ? Une communauté est un ensemble social normé dans l'espace et dans le temps dont les membres déclarent partager un ensemble de traits culturels et de relations sociales. Ce n'est pas le cas de ces quatre groupes. Il y a là un coutumier essentialisme communautaire, c'est-à-dire une perception de la personne à travers le segment ethno-culturel auquel on l'a rattachée. Cet essentialisme assigne à résidence identitaire les individus, refuse de les percevoir dans leur pluralisme et leur libre arbitre, oblitère les conditions sociales et économiques dans lesquelles ils se meuvent chacun. La victimisation effectuée par le terme « martyrisée » se veut suffisante pour faire sens. Malgré elle, elle témoigne d'un phénomène idéologique du temps : la convergence dans le prisme identitaire d'une gauche multiculturaliste, qui conçoit d'autant plus le monde

enjeux et évolution », Fatima Besnaci-Lancou, Benoit Falaize, Gilles Manceron (sd), *Les Harkis. Histoire, mémoire et transmission.* Paris, L'Atelier, 2010, pp.135-146.

à travers le filtre des communautés et minorités que cela lui permet d'éviter l'analyse de classes, et d'une droite radicalisée, pour laquelle le contrat social s'ethnicise. Actuellement, les dynamiques identitaires se retrouvent au plus fort dans l'usage de la mémoire harki du camp de Rivesaltes.

Le camp de Rivesaltes a longuement occupé un nombre massif d'anciens harkis et leurs familles. Il est rationnel qu'il constitue aujourd'hui un référent important dans la mémoire collective du groupe social harki. Il leur a laissé des souvenirs variables selon la durée de leur passage et les conditions dans lesquelles il fut vécu. Pour ceux qui avaient fui les massacres, c'est un espace de refuge sécurisé. C'est un espace de cloisonnement, pour ceux que la stricte discipline militaire et la surveillance continuelle ont marqués. Pour ceux qui n'y ont été que quelques temps, il coïncide avec les premiers souvenirs de leur arrivée en France. Le déchirement fut cependant plus vif pour les familles qualifiées d'« irrécupérables ». À la souffrance du déracinement de la terre natale s'ajoute le confinement dans l'espace clos des cités d'accueil : si les jeunes générations voient le départ hors de ces structures comme une délivrance, les personnes âgées sont soumises à un second déracinement, découvrant trop tardivement la société française, avec des conséquences parfois tragiques. De nos jours, le camp de Rivesaltes est devenu un espace symbolique, un lieu de mémoire à ciel ouvert qui participe à la perpétuation d'une « identité harki », alors qu'est désormais lointaine la migration post-coloniale. Des voyages intergénérationnels, sortes de pèlerinages, y sont organisés. Les commémorations, rassemblements et recueillements se succèdent au fil des années.

Depuis 2012, cette mémoire des harkis est devenue un enjeu politique entre l'Union pour un Mouvement Populaire (UMP) et le Front National, suivis, dans une moindre mesure et en retrait médiatiquement parlant à l'échelle nationale, par le Parti Socialiste. Les deux auteurs de cet ouvrage en furent directement témoins. L'un et l'autre furent contactés le mercredi 11 avril 2012 par la préfecture des Pyrénées-Orientales. On nous exposa que le Président Sarkozy viendrait rendre hommage aux harkis au camp de Rivesaltes : voulait-on lui servir de guide ? Autant l'idée eût été accueillie avec bienveillance hors période électorale, car s'inscrivant dans le cadre de la légitimité républicaine, autant, à dix jours du premier tour, elle suscitait le malaise. Les retours obtenus ce jour-là montraient que cet aspect « tactique de dernière minute » heurtait nombre de membres des associations harkis, qui affirmaient refuser de se rendre aux cérémonies prévues, malgré le fait qu'on leur fasse miroiter la reconnaissance tant attendue. Le lendemain, le quotidien local *L'Indépendant* faisait part de ce trouble avec le portrait de deux militantes associatives et « filles de harkis », les sœurs Bensalem.

Effectivement, Nicolas Sarkozy est venu le samedi 14 avril sur les vestiges du camp de Rivesaltes, en tant que président de la République, reconnaître la responsabilité de la France dans l'abandon et le sort des harkis[321]. Mais le soir même c'est en tant que candidat de l'UMP qu'il enchaînait avec un meeting local... Ni le moment ni le lieu n'étaient fortuits. Rivesaltes était un cadre parfait pour cette opération, tant il est difficile, à une semaine du premier tour, de déconstruire un usage politicien des mémoires sans risquer d'en blesser... Par ailleurs, Nicolas Sarkozy a promis lors de cette visite que l'État, jusque-là absent du programme de mémorial, participerait au financement[322]. Pour la gauche, il était difficile de dénoncer « une opération communautariste » à l'encontre de cet appui à un projet envasé qu'elle avait initié. Mais surtout, et c'est là un point essentiel, cette visite visait par la bande le Front National. Celui-ci a réagi en organisant le même jour une contre-manifestation et un meeting. Côté FN, étaient là divers ténors, dont Louis Aliot, vice-président du parti, et Gilbert Collard, président du comité de soutien à Marine Le Pen pour l'élection présidentielle, depuis devenu député et secrétaire-général du Rassemblement Bleu Marine.

Le FN roussillonnais est lié à l'histoire des rapatriés d'Algérie. Pierre Sergent, ancien chef de l'OAS-Métro devenu l'un de ceux du FN, a été député frontiste de Perpignan entre 1986 et 1988. Président du Cercle National des Rapatriés, un satellite frontiste chargé de travailler les milieux rapatriés, il avait su jouer de cette fibre pour s'implanter localement. Le mandat de Sergent était surtout marqué

---

[321] En remettant les insignes de Grand Officier de la Légion d'Honneur au Général François Meyer, qui a transféré en France ses anciens supplétifs, Nicolas Sarkozy reconnaît, dans son discours, « la responsabilité [devant l'histoire] du gouvernement français dans l'abandon d'une partie des Harkis (...) au nom de la République française ».

[322] En 2014, malgré les travaux entamés, l'État ne participe toujours pas au projet. Et ce malgré la désignation d'une nouvelle chef de projet et la mise en place d'un fonds de dotation du Mémorial de Rivesaltes, sous la présidence d'Anne Lauvergeon. En septembre 2013, le président socialiste de la région Languedoc-Roussillon, Christian Bourquin, reproche d'ailleurs publiquement et de manière virulente à la ministre de la Culture, Aurélie Filipetti, de ne pas être venue visiter le site du camp du Rivesaltes, la qualifiant de « catastrophe politique ambulante » (anciennement président du Conseil Général des Pyrénées-Orientales, Christian Bourquin fut dissident fréchiste; c'est lui qui a impulsé ce projet de Mémorial). Le 29 août 2014, lors des obsèques de Christian Bourquin, le Premier ministre Manuel Valls, indique finalement dans son discours d'hommage que l'État accompagnera moralement et financièrement le Mémorial de Rivesaltes.

par sa proposition d'amnistier tous les partisans de l'Algérie française, ainsi que d'accorder la mention « mort pour la France » à ceux qui furent condamnés à mort et exécutés. Avant son décès en 1992, il était arrivé en tête des municipales perpignanaises avec 31 % des suffrages. Aujourd'hui, la section locale comme la direction du Cercle ont été repris par Louis Aliot. Le compagnon de Marine Le Pen est lui-même originaire par sa mère d'une famille de rapatriés et a cette cause à fleur de peau. Quand la candidate est venue tenir meeting à Perpignan en janvier 2012, elle avait commencé son discours par un message aux harkis et aux pieds-noirs. Le matin même, dans Perpignan, le ministre de la Défense Gérard Longuet s'était fait siffler à l'inauguration d'un centre municipal dédié à la mémoire de l'Algérie française. Il y a donc une concurrence maintenue entre UMP et FN pour ces segments électoraux, à travers les hommages à leurs mémoires[323].

Si, sans doute, tout un chacun est aujourd'hui d'accord sur la nécessité de réparer les manquements passés à l'égard des harkis, la question a également des intérêts très pratiques. Outre qu'il plaît à des masses électorales, l'hommage aux harkis permet de relégitimer des stigmatisations. C'est par ce biais que Marine Le Pen balaye systématiquement l'accusation d'islamophobie. En insistant fortement sur le fait que les harkis ont mérité par le sacrifice du sang versé leur nationalité – que nombre d'entre eux furent obligés de (re)prendre à l'intérieur même du camp de Rivesaltes – on dessine en creux toute la différence avec ceux qui ne l'auraient pas mérité. Tous les intervenants de la réunion publique frontiste du samedi, représentants harkis inclus, précisaient rejeter la formule de « Français musulmans » que l'État utilisa un temps officiellement, pour affirmer combien les harkis sont Français, seulement et à part entière[324]. C'est là l'éloge d'un nationalisme qui, s'il s'appuie sur une « communauté », est d'assimilation et s'oppose à la tentation du nationalisme « sol et sang », longtemps prégnante au FN.

Au-delà des harkis, est en jeu l'ensemble des personnes sensibles à la thématique de l'Algérie française. Le FN n'a pas aligné pour rien des cadres méridionaux: outre Louis Aliot avait été mobilisé le montpelliérain Alain Jamet (premier Vice-Président du parti à cette

323 Sur Louis Aliot, cf. Nicolas Lebourg et Joseph Beauregard, *Dans l'ombre des Le Pen. Une histoire des n°2 du FN,* Paris, Nouveau Monde, 2012, pp. 307-363.

324 L'appellation a connu un étonnant retour avec, en 2003, la création d'un Haut Conseil aux Rapatriés (HCR) composé d'une section « rapatriés » et d'une section « français musulmans rapatriés »... Jean-Marie Le Pen aimait à faire référence dans ses discours aux « musulmans français qui se sont battus pour la France » durant la Guerre d'Algérie. Dans ce contexte, ce terme est bien entendu à rapprocher de son acception coloniale.

date) et le marseillais Gilbert Collard, oscillant entre Marseille et Saint-Gilles, dessinant ainsi le grand sud où se sont fixées les populations rapatriées – elles et leurs descendants représenteraient aujourd'hui 12 % du corps électoral en Languedoc-Roussillon et 15 % en Provence-Alpes-Côte d'Azur[325]. Le thème des rapatriés touche les descendants des personnes qui ont vécu les faits – qui, sont les seules que l'on devrait qualifier qui de pied-noir, qui de harki – car « le travail de mémoire » effectué a permis la constitution d'une identité « rapatriés ». Néanmoins, une partie de cette subculture est aujourd'hui devenue étrangère aux plus jeunes : quand, en fin de meeting, Alain Jamet entonne « La Marseillaise » tous chantent, mais lorsqu'il enchaîne avec « Le Chant des Africains », la partie la plus jeune du public ne connaît pas les paroles. À la manifestation et au meeting frontistes, on retrouve les sœurs Bensalem. L'une se prénomme Marguerite, l'autre Marianne. Le prénom n'est pas un hasard raconte cette dernière : lorsque son père la déclara à l'état civil, le fonctionnaire voulut écrire « Marie-Anne », mais son père insista pour que ce soit « comme la République ». Elles proviennent de la cité du Réart. Elles sont membres du Conseil National des Français Musulmans Rapatriés, l'une des nombreuses associations harkis. Elles ont été contactées par Louis Aliot, mais aussi par le Préfet. Ce dernier les a reçues, leur a fait part de sa vive émotion à la lecture du journal, expliquent-elles, puis les a invitées à venir écouter le président de la République rendre hommage aux leurs. Elles en ont fait part à Louis Aliot, qui leur a dit de faire comme elles désiraient. Elles enchaînent donc : contre-manifestation au matin, et l'après-midi réception à la préfecture pour écouter le président après sa visite du camp. Elles désirent qu'il reconnaisse le « préjudice moral » et « le génocide », comme il l'a fait pour le cas arménien précisent-elles.

Le candidat Sarkozy a lui-même joué à ces sauts thématiques lors de son meeting perpignanais du soir, en opposant les harkis ainsi que les immigrés venus avec l'amour de la France, avec un clin d'œil aux Espagnols, à ceux venus profiter des prestations sociales... Il évoquait le terroriste Mohamed Merah, promettait de diviser par deux le nombre d'immigrés et exaltait « les racines chrétiennes de l'Europe ». La question de la reconnaissance par l'État de la tragédie harki s'inscrivait donc bien dans un dispositif de tentative de captation des voix de l'extrême droite[326].

La jonction entre la loi à propos de l'Arménie et la question harki sera également faite le soir même par le candidat-président. La qualification

[325] IFOP, *Le vote pied-noir : mythe ou réalité ?,* Focus n°107, mars 2014, p. 2.

[326] *L'Indépendant*, 15 avril 2012.

de « génocide » n'est pas pour l'historien fonction d'un grand nombre de morts, mais avant tout de critères juridiques... qui ont eux-mêmes beaucoup fluctué en la matière ces dernières décennies (en particulier à l'initiative du Tribunal Pénal International pour l'ex-Yougoslavie). La revendication mémorielle pose donc des problèmes juridiques. Dans son discours au meeting, Louis Aliot rappelait à l'assistance que les propositions de loi du FN en 1986-1988 quant aux rapatriés avaient été repoussées par la droite. Nous l'interrogeons : candidat aux élections législatives de juin à Perpignan, reprendrait-il, s'il était élu, les propositions de Sergent ? Il répond par l'affirmative : « On tourne la page, par une grande loi-cadre ». Ancien enseignant de Droit à l'Université de Toulouse, comment gérerait-il la revendication associative de reconnaissance d'un « génocide » ? Il ne méconnaît pas le problème historico-juridique mais, outre la possibilité d'intégrer le cas harki à la loi globale sur les génocides, il pense que la reconnaissance de l'État est au moins un pas essentiel à faire, et il tient à mettre en avant les aspects pratiques où pourrait agir la loi : le problème du logement, la création d'une allocation spécifique pour les harkis et leurs descendants, l'éventualité d'une discrimination positive à l'emploi. Ce sont là des propositions spécifiques qui pourraient permettre également au FN de ne pas laisser l'UMP s'approprier les milieux rapatriés.

Le site de Rivesaltes devient donc un passage obligé. Le 25 septembre 2012, journée nationale d'hommage aux harkis, c'est au tour de Marine Le Pen, en tant que députée européenne, de venir déposer une gerbe en hommage aux harkis. Étrange scène, quand on contemple les enfilades de stèles en se tenant debout devant celle érigée par la Cimade. On lui demande après-coup ce que lui inspirent les empilements historiques du lieu, quelles leçons de l'histoire lui paraissent s'en dégager. Elle proteste qu'elle n'a de leçons à recevoir de personne, que ce sont à ceux qui ont abandonné les harkis de prendre des leçons. On lui dit que ce n'est pas notre propos, mais qu'en tant que candidate à la présidence de la République, elle a, à n'en pas douter, une conception de l'histoire nationale, qu'on voudrait savoir ce que veut dire pour elle cet enchaînement des républicains espagnols aux clandestins de 2007. Elle persiste et en demeure aux seuls harkis et au soutien que leur porte le FN.

Un an après, jour pour jour, Marine Le Pen n'est plus là, mais Louis Aliot est en campagne pour les élections municipales. Après la cérémonie au camp, il offre un rafraîchissement à sa permanence. Une petite exposition a été installée. Une photographie montre des têtes tranchées, une autre un visage au nez et à bouche découpés. Le texte du « Chant des Africains » est disponible en force photocopies. Une affiche électorale de Pierre Sergent datant de 1986 est encadrée. Sous le verre, on a glissé une photographie où il pose en uniforme, avec une inscription « le Combat Nous Rassemble ». Les majuscules sont en gras, afin d'évoquer le Conseil National de la Résistance de l'Organisation de l'Armée Secrète. Louis Aliot improvise quelques mots : « Nous sommes là pour nous souvenir de quoi les harkis ont été capables. On voit beaucoup les photos d'autres génocides, mais un génocide de Français, commis à cause des décisions prises par les autorités françaises, on n'en parle pas. Quand on va à Rivesaltes, on voit comment on les a mis dans des camps, alors qu'aujourd'hui le moindre con qui vient du bout du monde on s'occupe de son confort. Les harkis sont les nôtres ! S'il faut des priorités, des aides, ça ne doit pas être aux derniers arrivés : les nôtres avant les autres ! »[327]. Son positionnement est entendu aux élections municipales de 2014. Les électeurs pieds-noirs se désalignent de leur vote municipal à droite en lui apportant fortement leurs suffrages[328].

Le camp de Rivesaltes devient un lieu qui permet de traduire sensitivement les positionnements politiques. Les visites de Nicolas Sarkozy ou Marine Le Pen, uniquement centrées sur cette période « harkis » du camp de Rivesaltes, témoignent d'ailleurs probablement d'un glissement des mémoires françaises. Le souvenir du camp avait surgi lors d'une phase d'interrogation morbide et obsessionnelle de l'épisode vichyste. Il s'en tenait dès lors à l'usage antisémite. Aujourd'hui, la mémoire des guerres de décolonisation tend à prendre le pas sur celle de la Seconde Guerre mondiale en tant que matrice des représentations sociales. La question du « colonisé » devient prioritaire. Le camp de Rivesaltes n'y échappe pas, voire est à l'avant-garde de cette tendance. En ce qui le concerne, dorénavant, le souvenir harki supplante le souvenir juif. Dans ce cadre, est à noter l'absence de revendications mémorielles autour de la présence des indépendantistes algériens emprisonnés au camp de Rivesaltes. La question du massacre du 17 octobre 1961, reconnue officiellement par le président François Hollande après son élection en 2012, a focalisé l'attention des acteurs, des associations, de l'Algérie, et aujourd'hui des pouvoirs publics français. Néanmoins, les discours mémoriels autour des camps d'assignation à résidence surveillée et des centres pénitentiaires durant la Guerre d'Algérie émergent aussi depuis les années 1990. C'est ainsi le cas de

[327] Présence à la réunion.

[328] Cf. Jérôme Fourquet, Nicolas Lebourg et Sylvain Manternach, *op. cit.*, pp. 67-74.

la prison de Montluc, lieu à mémoires multiples: espace de détention durant la Seconde Guerre mondiale où a transité Jean Moulin, mais aussi durant la Guerre d'Algérie, où furent emprisonnés des militants du FLN dont douze ont été guillotinés en 1960-1961[329]. L'absence d'une socialisation de cette mémoire a induit un désengagement des collectivités locales de cette question, ce qui souligne encore à quel point la mémoire est une coproduction entre institutions et société. Elle ne surgit pas spontanément, au seul motif que les vivants honoreraient les morts. Elle est un objet produit par des transactions entre agents sociaux, échangeant entre eux des reconnaissances symboliques.

Si le camp de Rivesaltes est devenu un symbole et un enjeu de mémoires, c'est sans doute parce qu'il donne l'apparence d'une continuité de trois Républiques et du régime de Vichy. C'est un cas extraordinaire qui, soudain, apparaît comme donnant sens à un puzzle disparate. Le camp de Rivesaltes donne le sentiment que l'ordre de ses baraques est celui du siècle des camps. Ce ne serait plus un chaos tragique : fixés en un lieu unique, les drames historiques y trouveraient une logique globale sous-jacente, qui serait celle de la culpabilité intrinsèque de l'État et/ou de la France. C'est là aller trop vite en besogne. En fait, ce site est un carrefour, européen de 1939 à 1948, méditerranéen de 1952 à nos jours. Dans ces deux phases, compte tenu de l'extrême pluralité des groupes, des personnes et populations ont été placées là pour cause de rencontre entre une demande sociale soucieuse de la canalisation économique, politique et biologique du groupe visé, et une offre étatique de gestion technocratique des flux humains au sein du territoire national. En définitive, ce camp est le signe de la volonté de l'État de parvenir à contrôler les corps migrants sur son territoire pour normaliser et nationaliser la société – ici entendue comme la somme des groupes ethno-culturels – à l'intérieur de ses frontières. Dans l'Entre-deux-guerres, le développement du rejet du libéralisme politique au bénéfice de l'extension de l'État, d'une part, le rejet provoqué par les vagues de réfugiés, d'autre part, ont permis la mise en place de tels dispositifs. Les Compagnies de Travailleurs Étrangers, où les réfugiés sont regroupés et placés sous l'autorité militaire, témoignent sans ambiguïté du choix de l'étatisation des réfugiés au détriment de

[329] Mohamed Zaoui, *Retour à Montluc,* documentaire, 2012, 62mn. Ce documentaire retrace le parcours du sénateur algérien Mustapha Boudina, membre du FLN et ancien condamné à mort (il est aussi président de l'association nationale des anciens condamnés à mort), qui a été emprisonné à la prison de Montluc durant la Guerre d'Algérie.

leur nationalisation. Il a été préféré intégrer les réfugiés à un appareil productif militarisé qu'à la société, voire à la nation. Les sociétés ne sont pas d'innocentes victimes de l'autoritarisme : elles le suscitent. Pour organiser les flux humains, la demande sociale conservatrice a rencontré une offre étatique, celle de la III$^{e}$ République finissante, puis l'ordre de Vichy, qui a outrepassé la demande dans les conditions que l'on sait. Sans que les situations ne soient en rien assimilables, il existe toutefois une permanence entre la phase 1938-1948 et celle allant de 1952 à nos jours : la gestion coercitive des flux migratoires par un État bureaucratique dans une société qui se désintéresse des populations internées.

Le cantonnement et l'immobilisation de groupes constituent ainsi, tout le long du siècle, un moyen de répondre à la difficulté d'étatiser pleinement une société culturellement acquise aux valeurs républicaines. La société française n'a cessé de rejeter les projets d'organisation totalitaire. En France, dans l'Entre-deux-guerres, au contraire de bien des sociétés européennes, l'extrême droite radicale est réduite à la portion congrue, tandis que le communisme est fortement teinté de parlementarisme. Sous Vichy, les formes de radicalité ne rencontrent jamais les masses. Mais, si la société française rejette les modalités brutales d'établissement de la représentation totale de la société par l'État, elle admet le regroupement, l'immobilisation ou l'expulsion de groupes situés hors du diptyque nationalité-citoyenneté. La cohésion sociale exige non seulement que les « indésirables » soient repoussés à la périphérie, mais aussi que leurs conditions de vie soient inférieures aux couches sociales certes les plus paupérisées mais néanmoins libres. L'idéologie qui se réalise dans le camp de Rivesaltes relève moins de l'exclusion nationaliste de minorités que de la régulation de l'ensemble de la nation par l'État. Le camp de Rivesaltes réalise l'ostracisme de communautés dont le sort nous indiffère, mais en signifiant une puissance biologique régulatrice qui nous sied. La disparition de tout camp sur ce site au profit d'un Mémorial représente le dernier soubresaut de cette histoire : la perte de foi en l'État n'a-t-elle pas induit le passage à une socialisation mémorialiste d'une nation segmentarisée ? Le lieu de l'ostracisme est un lieu « autre » qui permet la production d'un espace public « normal ». Nul autre site ne traverse ainsi notre histoire. On est soit en dedans, soit en dehors du camp de Rivesaltes. Mais nul n'y est étranger.

## Chronologie indicative

**1938**
Décision de création du camp militaire « Camp Joffre », situé pour l'essentiel sur le territoire de Rivesaltes.

**1939**
Installation de réfugiés espagnols sur le site du camp Joffre en travaux.
Installation au camp Joffre de ressortissants de puissances ennemies, pour l'essentiel des juifs allemands qui avaient fui le nazisme.

**1940**
Installation au camp Joffre de troupes coloniales.
Installation au camp Joffre de compagnies de travailleurs, certaines composées d'Indochinois, d'autres d'Espagnols.
L'armée met à disposition du ministère de l'Intérieur 600 hectares au sud du camp Joffre, afin de constituer un camp civil.

**1941**
Instauration au camp Joffre du « Centre d'hébergement de Rivesaltes », officiellement ouvert pour accueillir les étrangers. Instauration d'une ségrégation interne au camp, par une mise à l'écart des juifs et des Gitans.

**1942**
Instauration du « Centre National de Rassemblement des Israélites » au camp Joffre, en vue de rassembler les juifs pour les transférer vers le camp de Drancy.
Installation au camp Joffre de troupes d'occupation de l'armée allemande.

**1943**
Installation au camp Joffre de troupes italiennes et russes en transit.

**1944**
Vichy envisage une extension du camp civil de Rivesaltes.
Départ des troupes allemande du camp Joffre, retour des françaises.
Instauration au camp Joffre du Dépôt n°162 des Prisonniers de Guerre (surtout allemands).
Instauration au camp Joffre du « Centre de séjour surveillé de Rivesaltes » pour l'internement des collaborateurs.

**1946**
Liquidation du « Centre de séjour surveillé de Rivesaltes ».

**1951**
Instauration au camp Joffre du « Centre de formation professionnelle accélérée » (CFPA) pour les travailleurs nord-africains.

**1954**
Le CFPA est transformé en Centre mixte de formation.

Dans la partie militaire du camp Joffre, instauration du « Centre mobilisateur n°124 » et de son « Centre Régional de Rassemblement des Recrues de Rivesaltes ».

**1958**
Instauration du « Centre militaire de formation professionnelle de Rivesaltes » pour les militaires algériens de l'armée française.

**1962**
Instauration au camp Joffre d'un centre pénitentiaire pour « Nord-Africains condamnés pour activités antinationales ».
Installation au camp Joffre du Premier Régiment de tirailleurs algériens, accompagnés de plusieurs centaines de civils en provenance d'Algérie.
Instauration au camp Joffre du camp de transit et de reclassement pour les « réfugiés musulmans », puis création d'un hameau forestier géré par l'Office National des Forêts.

**1963**
Instauration au camp Joffre du « Village Civil » pour les « harkis ».

**1964**
Installation au camp Joffre de familles d'anciens militaires coloniaux guinéens et d'anciens du Corps expéditionnaire français en Extrême-Orient (CEFEO).

**1977**
Transfert des familles de harkis du hameau forestier à la cité du Réart de Rivesaltes.

**1986**
Instauration au camp Joffre du « Centre de Rétention Administrative » (CRA), d'abord conçu pour regrouper les clandestins espagnols.

**1997**
Scandale du « fichier du camp de Rivesaltes ».

**2005**
Le Conseil Général des Pyrénées-Orientales fait l'acquisition de l'ilôt F du camp Joffre pour créer le Mémorial du camp de Rivesaltes.

**2007**

Déménagement et agrandissement du CRA du camp Joffre.

**2012**
Visite du camp Joffre par le président de la République Nicolas Sarkozy.

**2013**
Début de la construction du Mémorial du camp de Rivesaltes, porté par le conseil Régional Languedoc-Roussillon.

## Table des matières

Ce livre, publié par

Trabucaire

a été achevé d'imprimer
le 16 Février 2015